娘二人を東大に合格させた
家庭教育実践報告

山碕　雄一　著

娘二人を東大に合格させた
家庭教育実践報告

目次

注・ドキュメント＝劇的状況の描写
コーラス＝家族四人の反省とまとめ
レビュー＝娘の作文集

ドキュメント一　静かな喜びの日

1　父の肩車

三月二十日、正午。東大の合格発表は、毎年この日に行われる。

長女の時は、本郷だった。今年、次女の場合は、駒場のキャンパスである。電車を降りて、歩道橋を歩く頃から、歩道にたくさんの人が往来している。向かって来る人たちは、もう発表を見たのだろう。そのひとりひとりの表情に、明暗がくっきり浮かんでいる。

運命的な瞬間には、必ず家族四人がそろっていたい、というのが、母の言い分であった。いつもと同じように四人で歩くのだが、どうしても受験した当の本人だけが遅れがちになる。これも自然と言うべきか。

門をくぐる頃から、小走りになる。人をかき分けて開示版の前に出る。

「あった！」

長女の時もそうだった。母がいちばんに娘の番号・氏名を見つけた。次女ひとりが、さらに人をかき分けて最前列まで行く。

「あった！　あった！」

次女が帰って来て、親子四人が手を組む。声も出ない。

あたりは人・人・人の波である。クラブの入部勧誘に来ているユニホームの一群にとりかこまれる。十数名のなかには女子東大生もまじっている。

「おめでとうございます。さあ、胴上げだ。それ！」

娘が驚いて父の背中にまわって逃げる。

「やめてくれ！　やめてくれ！」

父が必死になって阻止する。長女の時もそうだった。

やっと解放されて、時計台までゆっくり歩く時になって、喜びが胸にこみあげる。時計台を背景に写真を撮る時に、父が次女を肩車に乗せた。何事につけ、家族だけでじっくり喜びも味わいたい。

ただ、三年前の長女の合格の日、時計台を背景に写真を撮ったのは同じだが、父は長女に肩車をしなかった。高校に合格したばかりの次女がそばにいたからだ。親子四人で手を組んだ瞬間のことを、次女は時計台の前でこう言ったのだった。

「あんなに喜んでもらえるのだったら、私も行きたい。」

それから三年、合格するのが当然のように言われてきた心理的な重圧に耐えて、この日宿願を果たした次女への、父からの静かな祝福なのだった。

2　へたな答案が恥ずかしい

帰りに全合格者氏名が掲載されている新聞を買った。次女はむさぼるように読んで、誰君も！　誰君も！　誰さん！　と同級生の合格を確かめていた。父が言った。

「同級生の友達がたくさん、いっしょに入ってよかったなあ。」

「そうなんよ。お父さんが言ってた通りになった。今になって考えてみると、ようもまあ、私が合格できたことよ。自分ながらあきれる、ってのが実感！」

いちばん平静だったのは、本郷の文学部四年になる長女である。「待ってるだろうから。」と気づいて、公衆電話のボックスから広島の実家へ電話を入れた。「入ってたわよ。」などと、こともなげに伝えていた。

母も気づいて、横浜にいる実姉へ電話した。

「入ったんよ！　入ったの！　二人とも行ってやっと安心！」

声がうわずっていた。それを横で聞いていて、父は醒めた。娘二人分の下燭台を支えるのに、安月給でどうなることかとか、と思ったのだった。

長女の下食している女子学生会館へまわって、次女も同じ室へ置いてもらうように、前から頼んであったことを確認した。「姉妹ふたりとも東大ねえ。驚きましたなあ。いったい、どういう教育をなさったのですか。」とここでも管理人の方に言われた。「どこのご家庭でも考えていらっしゃる平凡なことを、いくぶんか徹底して実行したまでのことです。」と父は答えた。

東京だと、子供全部が東大なんてのは珍しくもないだろう。地方に住んでいるから話題になるのだ。広島の実家あたりだと、知人残らず、うわさで知ることになるだろう。

渋谷駅で、参考書・問題集・ノートなどの束を、大きなごみかごに投げこんだ。長女の時もそうしたのだった。どーんと大きな音がして、痛快であった。

渋谷のレストランで、家族水いらずで乾杯した。次女がため息をもらしてつぶやいた。

「それにしても、へたな答案が恥ずかしい。化学はめっちゃだ。理科一類のくせに、あの数学のできよ。」

長女も三年前、科目はちがうが、同じせりふを言ったのを、父は思い起こした。「ああ、へたな答案、書いちゃった。世界史の論述なんか、何書いたかわからん。」

過ぎてしまうと時間の流れは早い、と父は思った。

コーラス 一　常識への反論――まえがき

1　平凡な人間が合格できる証明

東大へ合格したとなると、世間では何ぞのことのように言うが、決して驚くようなことは何もしていない。平凡な人間が平凡なことを、いくぶん徹底して実行したにすぎない。――そういうことが書きたいのである。

平凡なことを徹底して実行

まずはじめに、ことわっておかなければならないのは、「何が何でも東大へ」などという東大亡者ではない点である。生まれた時から親が子供を東大へ入れようと計画的に育てたかとか、小・中学校時代から塾へ行かせて子供の尻をたたき、東大へ多く合格する有名私立校へ行かせたとか、そんなことは全くしていない。

たしかに、ごく普通の女子高校生が、それも姉妹そろって次々と、当人の一〇〇%自発的な意志で、東大一校に受験をしぼったといえば、よほど自信があったのだと速断されてもしかたがない。しかしこれは、自信といったようなものではなく、また自信だけではできるはずもないことである。逆に、たまたまの幸運だったと言っても、信じてはもらえまい。どんな育て方をしたのか、と興味を持たれるのは、不本意だが、しかたがない。学歴偏重の教育だと誤解されたのではたまらない。——その誤解をときたい。

断言できる。非常識な無理は全くしていない。どこの親でも考えるごく人並みと言える程度のことを、いくぶん徹底して、時期をあやまたず実行して、合格した。そのことを、一人なら偶然とも解されようが、娘二人ともの例で証明したにすぎない。

過熱状態にまきこまれない

異常なのは、一部の週刊誌、塾・予備校の過熱状態なのであり、それに振りまわされて騒ぐ世相である。むしろ、そうした過熱状態にまきこまれないですむ工夫を、徹底して実行したというべきなのだ。

とは言え、また、そうした過熱状態を「けしからぬ」と批判する側にも、味方するつもりはない。「手のとどかぬブドウは酸っぱい」という心理から逃れられない点では、過熱状態を助長するのと同じ穴のムジナだと思われるからである。実態を知らずにただケナスのなら、自分の手にした合格証を破り棄ててからにしてほしい。

はじめに言っておきたい。娘二人の成育歴について、父の恩師にあたるある国立大学教育学部教授の方が、第三者から話を聞いて、「まれな成功例ですね」と評されたことである。それも東大合格後ではなく、長女がまだ高校一年の時に、である。要するに、その点ではこれは結果論ではない。早くから予想がついた一つの典型的なケースの、実践報告にすぎない。

2　偏見からの解放

常識の落とし穴に気づく

常識は世の風潮に乗って何でも知っているゆえに、実態としては何も知らない。常識をふまえたうえで常識を越えることは、実はかなりむつかしいのだが、実態を知ってみると、意外に平凡なことが多いのである。常識は時に、世の風潮に乗せられて、気がつかないまま偏見におちいっていることがある。実態を知らずに、表面だけを見て、速断してしまうからである。

「先天的にアタマがよい」とは、とうてい考えられない。父も母もごく平凡な庶民であり、親類筋にも地方の国立大学に行った子供すらいない。逆に「ウリのツルにナスビがなった」などと言われたのでは、娘たち当の本人が困るだろう。結果から判断して、「そう言えば幼い時から違っていた」などと言われても、答えようがない。

たしかに、家庭にテレビがなかった。もちろん、今もない。「テレビも禁止して勉強させている」などという誤解・偏見を受けたが、実態は決してそうではない。親がテレビを見る暇も習慣も持っていなかった。娘も自発的に、テレビを見るよりも知的な遊び方を好んだ。あるいは親が自然にそのようにしむけた。親が机について書きものを続けているのを見て、娘は「勉強せよ」と言われなくても、机につく習慣が自然に身についた。それだけのことである。

塾ばやりの当今、その風潮を非難する人は、「子供が遊ばない。遊ばせよ。」と言う。その通りだとは思うが、放任していればよいというものではない。遊びの中に将来を見通し、勉強以上に「目標をもって自己をきたえる」方法をとりたい。その目標も、ただゲームに勝つなどという次元でなく、どうすればもっとおもしろく、知的に遊べるかを、子供が自発的・意図的に工夫するようにしむけるということだろう。

遊びの中に将来を見通す

スポーツなどでそのように工夫している子供は、多いだろう。ただそれが単なる思いつきでなく、そこに将来までの体系的なまとまりを透視した、徹底したねらいが必要なのだろう。娘はそれぞれ、自分の好みに応じて、スポーツに熱中した。それがただ、体をきたえるだけではなかった。机の上の勉強から逃げ出すためにスポーツをするのでは、マイナスになるばかりである。

塾にも、行かせること自体のマイナスを知るゆえに、行く必要もなかろうと判断して、行かせなかったまでのことである。丸暗記やむやみやたらなドリルがマイナスになることは、知れている。思考力や創造力を身につけるためには、遊びの中から自分で問題を見つけることの方がてっとり早い。

金もたいしてかけない方法

父は高校教師、母は家庭の主婦で、いやな分野の勉強がきらいな点については一致している。娘の教育に熱心だったことはたしかだが、経済的には決して裕福ではなかった。必要なことには出し惜しみをしなかったが、むだは極力きりつめる、つましい生活である。たいそうな教育費がかかるという偏見は、塾へ行かなかった点からも打破できる。

父は、予備校筋にもよく知られた進学指導二十七年のベテランである。資料の読み方や参考意見の出し方という面で、それが有利にはたらいたことは否めない。しかし、よく言われるように「わが子に学問は教えられない」のは事実である。学習内容については、全く指導はしなかったし、できもしなかった。受験は本人しだいである点、言うまでもない。

要するに、常識的な表面から「なぜ？」を判断せず、実態を知ってからご批判はいただきたいということなのである。

3　どこの大学進学にも、男子にも通用する方法

一般化した形で書いてある

この本の内容の多くは、一般化できる形で書いてある。だから東大ばかりでなく、国立大学ばかりでなく、どこの大学に進学する場合にも通用する。どうせ、うちは私立大学志望だから、などと言わないでいただきたい。

また、娘だけでなく、男子の場合にも広くあてはまることが多い。うちは息子だからとか、女の子に学問をさせても……とか言わないでいただきたい。参考になるかならないかは、読者の判断にまつほかないが、どういう育て方をしたかという関心に対しては、一応の解答になっていると思う。

内容を一般化するために、文中での呼び方を「父」「母」「娘」（長女・次女）に統一してある。立場がくるくると変わっている感じもすることがあろうかと思うが、ご了解いただきたい。

さらに言えば、ある程度はプライバシーを守るため、年月日と場所とをぼかして書いている。親は何と言われてもかまわない。覚悟の執筆であり、合意の出版である。ただ、娘二人がそのために、世の好奇の目にさらされることだけは避けたい。読者の方々にも、その点についてはご理解をいただきたい。

第一章　万全への挑戦

――受験手続きの過程で

1　国公立大学共通第一次入試への出願

出願時期は早くても同じだ

長女の時は十月初旬、次女の時は十一月初旬が、国公立大学共通第一次入試への出願時期であった。受験制度の変更によって、出願時期も大きく変わる。制度そのものは変わらなくても、時期だけ変わることもある。東大に限らず、国公立大学受験を志望する人は、共通第一次入試を受験しなければならない。この制度ができる前は、国公立大学のほとんどが、出願時期を二月のはじめにしていた。私立大学の場合は、今でも一月初旬から願書の受付をする大学が多い。

共通第一次入試の制度が始まる前に、出願時期が早すぎるという懸念があった。しかし、ちょっと考えてみると、こんな心配は全く意味がないことがわかる。国公立大学受験を少しでも志望する限り、願書を出せばよいのである。国公立大学と私立大学とを併願できるのだし、私立大学の多くは受験科目が三科目で少ないのだから、いつでも国公立大学の受験をやめて、私立大学専願に切り替えることができる。

受験料をドブに捨てるのは腹が立つが、受験する、しないは、秋の出願時期から三か月以上も後の一月下旬、入試当日までに考えればよいのである。また、娘の高校卒業年度には、共通一次入試の受験後、回答が公表されて自己採点をした結果を見て、どの国公立大学のどの学部、どの学科へ、第二次入試の受験を出願するか、決めればよいのであった。ただにどの国公立大学を受験するかを決めるというだけでなく、共通第一次入試の点数が取れていなければ、第二次入試への出願そのものをやめても良いのである。事実、涙をのんで第二次入試出願をやめた人もたいそう多い。

受験科目が多いと苦しい？

国公立大学共通第一次入試は受験科目が多く、この制度が始まって以来、次女の受験の年まで、国語〈現代文・古典〉、英語、数学、社会二科目、理科二科目の五教科・八科目であった。科目が多いと、その中には不得意な科目があって、受験勉強が苦しい。

どの科目にも充分な対応ができないと言って、高校三年の秋にもなって、私立大学専願に切りかえるむきもあるが、この考え方はよくない。だれもが多かれ少なかれ、不得意科目をかかえていて、だれもが苦しいのである。ほんとうに国公立大学へ行きたいのなら、「克己」——つまり弱いおのれの心にうちかつ、という言葉を思い起こさなければならない。

受験科目が少ないからと言っても、決して楽にはならない。

理由は二つある。

一つは、私立大学専願にしている人は、早くから三教科にしぼって勉強している。だから水準の高い私立大学受験にそなえて、三教科だけについてはめっぽう強い実力をつけている。科目数が多いと、一つや二つ弱点科目があっても、他の科目を合わせた総合点でカバーできることが多い。しかし科目が少ないと、一科目でも弱い所があれば、致命傷になる。

もう一つは、そもそも多くの科目に対応できなくなった根底に、得意科目そのものの実力が伸びてきていない実態がある。得意科目の実力が伸びてきていれば、その時間をけずって不得意科目に集中し、弱点をカバーするのに、志望変更をせまられるほど、心理的に追い込まれるはずはない。得意科目の学力が伸びないで、私立大学専願に変更するほど愚かなことはない。

出願した以上、共通第一次入試は受けてみるのがよい。水準の高い私立大学より、国公立大学の方が合格しやすいところは、いっぱいある。

受験科目が減ると楽か?

ただ、受験科目数の多いことが受験生を痛めつけている点は否定できない。

次女の受験した翌年、昭和六十二年度からは、共通第一次入試の受験科目が減って、社会一科目、理科一科目の選択となった。受験科目が多くて対応ができず、私立大学専願者がふえて、「国公立離れ」という現象が起こったためである。

その結果、受験が楽になるかといえば、決してそうではない。

国語・英語・数学が各二〇〇点の配点であるのに対し、社会・理科は一〇〇点の配点で、国語・英語・数学のうち一科目でも不得意な科目があると、ダメージがひどい。

さらに将来、国公立大学共通第一次入試が廃止されても、受験科目数については、ひどく楽になるとは思えない。国公立大学である限り、私立大学なみに、三科目で受けられるようになるところは、めったにあるまい。受験制度をどう改めたところで、現状のような風潮がある限り、受験生や親の悩みがつきるとは考えられない。

子供が悩めば、事情を知らない親はうろたえる。親自身がよく「研究」して、受験産業のあおりをまに受けなければ、平静に子供に対応できる。これは受験に限ったことではない。親というものは、何歳になっても、子供のことを心配して、報いを求めない。

受験科目選択の一般的損得

ともかく具体的な受験科目の決定は、早い方がよい。制度や科目数の変更があれば、柔軟に対応して、個性と将来の必要に応じ、最も有利なものを選択しなければならない。高校二年までにせっかく決めた受験科目を、三年夏になって変更するむきもあるが、川の流れを渡る途中で馬を乗りかえるのがよくないことは、言うまでもない。

原則として得意科目を選ぶわけだが、一般的な傾向として損得ということはある。

社会科では、政治・経済の得意な女子は少ない。また長女の場合、外国語学系にも興味があって、日本史と世界史とを選択したが、女子に世界史の選択はあまり勧められない。範囲も広く、東西の交流など視野も広げる必要があるからである。「おもしろいけど、かなわない」と長女も言っていたし、事実、苦労もしたが、将来の専門分野につながりが深く、必要であった。男子の中には、世界史となるとめっぽう強い人も多い。

地理は、理科系を専攻する場合に適している。これは地理という科目自体が、理科系等の色彩を強く持っているためである。

理科では、まず物理は文科系専攻の女子向きではない。化学も、男女・選考にかかわりなく、人によってひどく差の出る科目である。多くの女子は生物を選択するが、これは化学と逆にあまり差がつかない。男子の理科系生物学方面の志望者に、めっぽう強いのがいる。地学は、地質系統が生物に近く、天文学系は要するに物理学であって、この両分野そろって強い場合はたいそうまれである。

次女の場合、理科系の宇宙物理学志望であるが、共通第一次の選択科目は物理、二次入試のもう一科目選択は化学であった。科目の特性と将来への展望を熟慮した上のことである。

志望校・学部は、二人とも高校入学時近くに決めた。長女は文科三類。次女は理科一類。変更する気は全くない三年間である。決めたいきさつについては幼時からの発想のしかたとして、後にくわしく述べる。

志望を一つにしぼり切る

夏休みに、三年のクラス担任からは、「決めている以上、何も言うことはない。悔いを残さない努力を傾けて。」と言ってもらった。

共通第一次入試への出願時は、本番近しの鐘の音である。願書には、鉛筆で下書きして確認の上、慎重に清書して、一点の迷いも気持ちの上にないことを確認した。

私立大学との併願も、ほとんど考えなかった。上京した機会に、いくつかの私立大学のキャンパスを見学したことがあった。「それぞれに風格のあるキャンパスだがねえ。一応、受けないことにしておく。」と長女は言った。

2　数学の仕上がりを秋深く引っぱる

受験のメドは高校三年時で

受験のメドは立つ時期はいつか、とよく問われる。志望は早く決めても、合格可能性の読みは、かなり遅くなる。答えは、高校二年の終わり近く、二月に行われる模試、東大の場合は、東大ジュニア・オープンの結果である。以後、科目別に見れば、それぞれの時期の模試によって、出来、不出来はそのつど、誰にでもある。模試の結果が帰ってくるたびに、一喜一憂するのは、はかない。

娘の場合、二人とも、どの科目も圧倒的に強いというのではないが、決定的な不得意科目もなく、国語・英語・数学の三科目のバランスがよかった。要するに、国公立大学むきであって、私立大学向きではないのである。

バランスがよいというのは、三科目がそろって同程度ということではない。長女は文科系で、数学が不安定で、次女は理科系で、国語に少し弱かった。この点については、高校一年の時から変わらない。二年の末までに、その傾向が定着して、私立大学専願か、国公立大学ならどこの大学・どの学部に合格可能性が強いかが、かなり明確に決まるのである。

ただ一般的に、女子は総じて数学に強くない。理科系志望者のなかに数学に強い女子はたまにいるが、文科系志望の女子で数学に強かった例は少ない。三年になって男子が学力を伸ばしてくるところに、離されてしまう傾向がある。

そのことを初めから親も二人の娘もよく知って、時間もかけ、ドリルの量も多くしていたが、娘の学力はなかなか安定しなかった。理科一類志望の次女にしてからがそうなのであるから、一般的にも言えることなのである。

東大の二次入試受験科目と配点は、次の通りである。

科目	国語	英語	数学	社会二科目	理科二科目	計
文科	一二〇	一二〇	八〇	六〇・六〇	—	四四〇
理科	八〇	一二〇	一二〇	—	六〇・六〇	四四〇

共通第一次入試一〇〇〇点は、一一〇点に換算される。共通第一次入試と東大二次入試との配点比率は、1対4で、国公立大学の中でも最も二次試験の配点比率が高い。共通第一次入試の後で、二次試験の受験出願者の競争率が二・八倍を越せば、いわゆる足切り〈受験できない者に落第を通告すること〉があるが、その共通第一次入試による足切りラインは、八三〇点くらいだと予備校筋では言っている。実際は、もう少し低いかも知れない。

共通第一次入試で九五〇点以上をとっている受験生は、まれであろうから〈全国で、〇・一%に満たない〉、東大の二次入試に出願する受験生の共通第一次入試によるハンデイ・キャップはせいいっぱい、十三点くらいである。それほどに共通第一次入試の配点比率が低いから、二次入試の二・八倍の受験者は、ほぼ一線に並んで、二次入試の結果いかんで合否が決まる。

表現力と数学で合否が決定

東大の場合、文科系、理科系を問わず、国語の現代文に、一問の長文にわたる作文課題がある。英語にも長文の要約記述問題がある。文科系の社会二科目は、いずれも論述問題である。このような出題傾向は、受験の制度や科目が変わっても、変わらない。これからも変わらないと予測できる。また、他の国公立大学でも、共通第一次入試がマーク・シートであることを配慮して、二次入試を記述問題に重点を置くことにしているところが多い。要するに、文章表現力が、合否を大きく左右する。

また、東大の場合、数学は文科系四問〈配点・八〇点〉、理科系六問〈配点・一二〇点〉が普通、出題される。文科系四問のうち、二問完解で合格、一問完解で合格圏だと言われている。

理科三類の場合は募集定員そのものが少なく、医学部進学コースでもあるため、四問が完解で合格圏とされている。理科一類・二類の場合は、三問完解で合格、二問完解で合格圏だと言われている。かなりの難問だということが、この状況からもわかる。それも着想力を問われるので、解けない問題には手がつかない。

つまり、数学のでき、不できで、いっぺんに差がついて、合否を大きく左右する。とくに女子の場合、数学のできに合否がかかる度合いは、たいそう大きい。

他の大学の場合も、そうした事情は、ほとんど変わらない。とりわけ女子大、または女子の多い文化系大学で、数学が受験科目にあると、まず数学のできが死命を制する。

娘の場合も、数学に安定感がなく、自信がもてるまでになかなかならなくて、二次入試の数学への対応が十一月下旬までずれこんでしまった。理科系志望の次女にしてからが、そうなのである。長女の場合は、結果が出るまで、父の不安が消えなかった。

社会・理科への対応

東大の場合、共通第一次入試との配点比率からいって、二次入試科目への対応をおそくまで引っぱるため、社会・理科への対応がおくれがちになるのは、ある程度やむを得ない。いきおい、社会・理科の共通第一次入試科目は、短期間に仕上げる必要がある。

それでなくても現役の場合、理科・社会への対応がおくれがちになって、失敗するケースが多い。とくに共通第一次入試の配点比率の高い大学・学部の場合は、社会・理科への対応のおくれが致命傷になることがある。

いつから社会・理科への対応に重点を移動するか。

これは志望大学・学部によって、また個人の得意・不得意の差によって、いちがいには決まらない。一応のメドは、夏休み後半に、一度はさらえて基礎をかためておくのが無難である。しかし、秋になって模試で社会・理科の点数が出ないからといって、あまり心配する必要はない。とくに社会科は、いわゆる追いこみの効く科目である。

本格的な重点移動の時期は、理科十一月、社会科十二月といったところだろうか。この程度が短期間に仕上がりをねらうぎりぎりの時期である。

十一月の模試で、五教科全部を受験科目とする共通第一次入試のためのマークセンスによる総合成績が、社会・理科の低い点数に引きずりおろされて、あまりよくなかった時、娘はちょっと不安になったようだが、父は驚かなかった。現役が十一月以降、追いこみにかかった後の、社会・理科の学力の伸びは、浪人にとって恐ろしいというのである。

「四当五落」はうそである

受験雑誌などでよく言う「四当五落」は、うそである。四時間しか眠らずに勉強した者は合格し、五時間眠ったりすると落第するというのだが、長時間そんなことをしていると、いくら若いからといっても、体力がつづくはずがない。

一応、午前○時まで勉強するという目安はある。娘の場合は、必ずしも時間を確定する形にはならず、集中的に油の乗った日はおそくまで、体の調子がよくない日は早く切り上げる、といった方法であった。

朝はどんなにおそくとも、午前七時に起床しなければ、学校に遅刻する。日曜日でもその時間は変えない方がよい。おそく起きると、午前中を棒に振ってしまうことになりやすい。体の調子をくずさない自己健康管理ができていれば、今言うような集中型の方が効率がよいようである。かぜを引かないことが、何よりもたいせつである。引いてしまえば、あっさりあきらめて、眠って早くなおすことである。

共通第一次入試の三日前からは、試験当日の日程に沿った時間帯に従う。前日には、会場までの時間を計って、下見に行った。不安も過信もない、静かな精神状態だったといってよい。現役にとっては、最初の本番入試の体験である。

3　第二次入試への出願

出願をしぼる時の念押し

共通第一次入試の終わった晩は、何もせずに早く眠った。ふたりとも同じである。翌朝、新聞に掲載されている解答とつきあわせて、自己採点をした。どの科目のどの問いで「なぜ」答えがちがったか、理由までを納得する形で検討するのがよい。後日の二次入試のためでもある。

一般に、模試の場合でも、誤答の理由を深く検討することはたいせつである。そして誤答をした問題については、類題〈よく似た問題〉を集中的になるべくその日のうちにさらえる。その日のうちに、解けるだけの実力をつければ、模試の成績がよくないからといって嘆く必要はないではないか。受験し放し、点数の出し放しは、とにかくよくない。きちんとけじめをつける、これは生活習慣の問題である。

東大の場合は、いわゆる足切りにかかる点数ではないことがわかればよい。二・八倍の受験者がほぼ一線に並んで、二次入試の結果で決まるからである。

共通第一次入試の配点比率が高い大学・学部では、そうはいかない。自己採点結果は、いわば中間発表のようなものだから、合格可能性を読み切らなければならない。思うような点数がとれなかった場合は、思い切った志望変更もしなければならなくなる。学校の進路指導担当者や担任とよく相談することである。

第二次入試に出願する時、念のため、父は娘に質問している。「東大一本にしぼって、万が一ということになれば、浪人することになるが、私大は一切受けないのだな」

長女の返答は、ふるっていた。「私大受験のために何回も広島・東京間を往復していたら、かんじんの東大二次入試の準備が落ちついてできないから、私大は受けない」

これは、うがった見解である。浪人すまいと思えば、いわゆる滑り止めに私大を受験するのが常識である。その常識に反するようでいて、二次入試の準備が落ちついてできないことも事実である。いわば常識をふまえた上で、常識を越えたところを見ている。決意などと悲惨になっていない。父もなるほど、とうなった。

次女の返答は、理科系らしく、割り切れたものであった。「姉ちゃんも受けなかったんでしょう」そして姉の言った言葉を聞くと、「そう言えばそうだ」と一言で終わった。

第二次入試の準備日程

共通第一次入試が終わって、第二次入試まで、年によって日付けがちがうが四週間から六週間ある。この対応に早くとりかかるのがたいせつである。英語・数学・国語の三教科には、あまり時間がとれない。文科系の長女は社会二科目の論述問題、理科系の次女は理科二科目の理論・計算問題に、完全に重点を置いた日程を組んで、ほぼその通りに日程を消化した。

各大学・学部によって、第二次入試の受験科目はまちまちである。人によって得手・不得手、重点の置き方が変わる。だから次の表はひとつの例にすぎないが、娘の場合は、ほぼこうしたバランスになる。無理のない日程で、長続きする上に、決まった時間に決まった科目を学習するため、まぎれがない。

	月	火	水	木	金	土	日
7:00→8:00	（起床・運動・朝食）						
8:00→12:00	A	B	A	B	A	B	A
12:00→12:30	（昼　食）						
12:30→16:30	A	B	A	B	A	B	A
16:30→17:00	（運　動）						
17:00→19:00	英語	英語	英語	英語	英語	英語	英語
19:00→20:00	（夕食・風呂）						
20:00→24:00	数学	古典	数学	古典	数学	古典	数学
24:00	（就　寝）						

注・長女＝文科系
A＝不得意な方の社会（世界史）
B＝得意な方の社会（日本史）
・次女＝理科系
A＝不得意な方の理科（化学）
B＝得意な方の理科（物理）

広大附属の卒業式は、三月十日過ぎで、第二次入試の終了後、合否発表の前という、実に配慮の行きとどいた日付である。

三月一日、出立の準備をした。母の父親〈娘の祖父〉が、小づかいとして金一封に、「平常心是道」と書いて贈ってくれた。父はこの夜、シャンペン一本を買って来た。ポンと景気よくセンを抜いて、壮行会である。「健闘を祈る」と一家で乾杯した。

三月二日、広島駅の新幹線ホームに出て見て、母が驚いた。列車の座席指定はひと月前にとったのだが、便利のよい列車に受験生が集中するのである。広大附属の同級生ばかりか、私立校の同級生で、小・中学校の時に友人だった人、模試などで顔を合わせた浪人の先輩連中までが、ごっそり立っていた。ほとんどが東大受験者であり、十数名ほどの知り合いが、娘にあいさつして親しげにひとこと、ふたこと話して行く。

平常心に励まされて上京

これは長女の場合も次女の場合も同じである。おまけに、長女の場合は、東京でのホテル・チャージも七ケ月前の段階でしてあったのだが、長女と同じホテルに投宿する男生徒が、十数名もいる。長女が宣伝したのだそうである。「かえって心強いよ」と言う。あきれるより先に、感心する話である。

長女の場合は、母がついて上京する理由があった。世田谷区の知人を通して、条件のよい下宿が見つけてある。私大に入ることが決まった学生が、条件のよい所をとってしまうからである。キャンセルする場合は三万円すてればよい。母といっしょにその部屋を見て、気に入れば予約して来る。正式の契約、またはキャンセルは、三月二十日である。

次女の場合、母は入試について行かなかった。長女が東京にいるからである。受験の際の宿も姉の部屋であり、合格すれば姉妹いっしょの生活が始まる。

定刻、ひかり号が広島駅を立つ。万全への挑戦は、ほぼこの段階で終わる。あとは本番が終わるまで、予定の日程を消化して、人事を尽くして天命を待つだけである。

第二章　苦境からの誕生

——火の車の新婚生活

1　父母の系譜

苦境の中で待たれた子

両親の待望をになって生まれた子が、すんなりと成長する——と言えば、あまりにも平凡すぎる。しかし、その平凡さがたいせつなのである。

両親は、多くの新婚家庭がそうであるように、経済的にも苦しかった。愛情と信頼とが、家庭を支えていた。切りつめた家計のなかで、子供ができることを切望した。それには理由があった。最初の子供を生後四日で死なせていたからである。

決して恵まれた条件の中で生まれて来た子供ではなかった。——そのことが言いたい。そして苦しい生活の中でも、待たれた子供であった。——そのことが書きたい。

父の系譜・現在、高校教師

父は県立高等学校の国語教師である。

山口県の岩国市に生まれ、広島市で育った。

父の父親は、広島の旧制高等専門学校を出て、電気工事関係に勤めていた。

父の母親は旧制高等女学校を出てすぐ結婚した。ともに養子と養女であり、さしたる財産はない。父の両親の夫婦仲は二年と続かず、離婚後、父の父親は中華事変で戦死した。だから父は、ひとり子であり、父親の顔を知らない。平凡でないのは、父の成育歴であり、「自分が父親のいない家庭で育ったので、身につまされて知っているが、子供のためには両親は、絶対に離婚すべきでない」と娘に語っている。この平凡な言葉が重味を持っている。

父の祖父が郵便局を退職した機会に、一家は広島市に転居した。父の祖父の恩給で生活する家計は、楽でなかった。父は広島市で、当時の呼び方では国民学校に入った。太平洋戦争が始まって、いわゆる非常時の中で、病弱な子供として育った。昭和十九年、父の祖父の死亡。そして昭和二十年八月六日、広島市は原爆で焦土となり、家も焼失した。父は親戚を頼って疎開していたので、直接の被爆をまぬがれた。

父の祖母と母親とは、小学生の父を連れて、岩国市の知人を頼り、食糧事情も極端に悪い戦後を借家住まいで生きた。父の母親は、学校の事務職員、次いで小学校の臨時採用の教員を勤め、一家の生活を支えた。

父は岩国市で新制中学、県立高校を卒業し、奨学金をもらって広島大学に通学、卒業してすぐ広島県立の高校教師になった。

母の系譜・現在専業主婦

母も四年足らずの中学校教員歴を持つが、長女が生まれた直後から、二十数年を主婦として家事に専念している。

広島市のはずれの百姓家に生まれた。母の祖父母が土地の旧家の生まれであり、母の父親は高等小学校を出て、国鉄に勤めていた。母の父親の弟妹には、旧制高等商船学校、高等女学校出もいるが、母の父親は跡とりの長男であった。

母の母親は呉市の県立高等女学校から女子師範学校を出て、小学校の教員（当時の呼び方では訓導）をしていた。

母は三人姉妹の中の娘として成育している。母の成育歴で、今でも悩みになっていることは、股関節の脱臼である。当時の医学の事情で、幼児にはコルセットをはめていて、外で遊べなかった。治療の方法もないまま、痛みがないのでコルセットをはずし、健康にはなったが、体育が不得意だった。

昭和二十年八月六日、母の父親が被爆した。健康は回復したが、戦中・戦後の辛酸はなめている。国鉄を退職してからは、百姓をして苦労した。母の母親が小学校勤務をやめた後は、夫婦の恩給で家計をやりくりしている。

母の姉妹三人はそろって、土地の小学校、中学校、県立高校を卒業している。母の姉は、洋裁学校を出てしばらくして見合い結婚をして、現在は横浜に住んでいる。夫は東京の私立大学工学部を卒業、電気関係の会社に勤めている。母の姉夫婦の一人娘は、県立高校から東京の私立女子短大を出て、会社勤めをしている。

母の妹も、洋裁学校を出て、間もなく見合い結婚した。夫は広島県の職員で、東京の私立大学を卒業している。二人の男の子がいるが、県立高校在学中である。

母は広島大学文学部に自宅から通学し、そこで父に出会った。卒業してすぐ、自宅から通える公立中学の教師を勤め、一年後に父と結婚した。

2　父と母の結婚

父と母との出会い

父と母とは、広島大学の一級ちがいの先輩・後輩である。専攻はちがって、父が国文、母が英文である。出身高校がちがうから、父が三年、母が二年の春、友人に紹介されるまで、全く知らなかった。

紹介した友人というのは、母の高校の一級先輩で、父と同級の国文の学生である。父たちは、文学の同人雑誌を学生仲間で創刊したばかりであった。

父とその友人とがキャンパスを歩いていると、すれちがった母が先輩にあいさつするつもりで礼をしたところ、父が自分にあいさつしたのだとまちがえて、ぺこりと礼をしたので、その友人がまちがいを証明するために、紹介したのである。出会いなどというものは、およそそうしたたわいもないものであることが多い。それが利得勘定を超越しているから、おもしろいし、また、たいせつなのであろう。

紹介されて一ケ月以上たって、偶然、生協の売店で出会った午後、休講だったのか、さぼったのか、二人とも忘れたと言うのだが、はじめてデイトして街に出た。これがまた、野暮を絵にした陳腐さであって、題名も忘れたほどの映画を見て、喫茶店で長話をした。父が文学青年くさい素人映画論をまくし立てるので、へきえきしたことしか、母は憶えていない。

父と母とのデイトは、十日に一度くらいだったが、その内容も、ヤボの一語につきる。喫茶店か公園のベンチに坐って、父は自分が書くはずの小説などを引き合いに出しては、乏しい文学の知識を総動員して、文学論をぶちまくるのである。

休日などに百貨店の大衆食堂で、トーストにコーヒーといったありきたりの昼食をすることもある。母子家庭で、奨学生の父には、それがせいいっぱいのぜいたくであった。結婚後にばれた話であるが、父は朝食にもみそ汁・ごはん派で、母はトースト・牛乳派である。学生時代からデイトの時、父はパンを好まないことを母には隠して、がまんして食べていたのである。

そして午後五時には、広島駅で、呉線の列車に乗る母を送って、父は本線下りの列車に乗って岩国に帰る。目立ったところばかり歩くから、学校の友人間でも二人の中はすぐ知れ渡ってしまったが、当人同士は律義で、概してまじめであった。

文学青年の青春

父も母も勉強は好きでなかった。小説などを書く人種に、勉強の好きな者はいない。とりわけ父は、外国語に弱かった。英語の発音は、全くカタカナの日本語に等しく、そのぶん父は母に、生涯あたまが上がらない。

関心のない講義は、投げやりなくせに、小心でさぼることもようしない。一回さぼったら、次の週の講義の日、教室前の廊下で教授にはちあわせして、「先週はかぜでも引きましたか。体に気をつけてくださいよ。」と言われて、へたばったのである。

父は小説や評論を読むのが早かった。ただし、日本語で書かれている限り、である。高校時代は新聞部にいて、文章を書くのを苦にしなかった。アイス・スケートは大学一年の秋ごろから始めた。知人からもらったフィギュア靴をぶらさげて、アリーナによく行った。興味を持ったら、かなり凝る性質である。

同人雑誌の学生仲間と、夜おそくまで議論して酒を飲むことも多かった。同人雑誌の仲間に、母と共通の知り合いも多かった。母は文章を書くのはいやだと言って、同人雑誌には参加しなかった。当時の父の書く小説は、センチメンタルで読めたものじゃなかったが、当人には言わなかった、と後で母が証言している。

父は母から西欧文学の知識を得たがった。母は読むのがおそいので、父に注ぎこんだ文学の知識も知れたものだったが、時には丸善で原書を買って、母がたどたどしい日本語に翻訳して、父に渡したこともあった。対訳の形で父が読むのである。

二冊買って、二人で読むこともあった。母が説明するのを、わかったような顔をして父が聞いた。結婚後の父の述懐によれば、横文字を読むのが苦しくて逃げだしたくてたまらなかったが、母のそばからは逃げ出したくなかったので、がまんしていたと言う。

父の友人たちは、その辺のいきさつについて、「翻訳を頼みすぎて捕縛される結果になった。語学に弱いのがおれの致命傷だ。」というノロケを聞かされている。

母の方も大学の勉強より、自分の興味に従って原書を読むことに多くの時間を割いた。「あの人と知り合ってからは、学校の勉強はもうむちゃくちゃ」と同級の女友達に言っている。要するに、恋愛などしていれば、勉強なんかできないということだろう。ただ、勉強というものを狭く、いやなことでも我慢して続けるというふうに限定すれば、である。関心の深いものに没頭することが、力量をきたえるという意味では、それなりの意味があったと言える。

大学卒業と就職

父は大学四年の秋、大阪・徳島・広島の新聞社、放送局を受験して、軒並みに落ちた。語学が足を引っぱったのである。いくつかの県の教員採用試験には合格していた。

また、夏休みに書いた小説が、中国新聞の新人登壇文芸作品コンクールに入選した。この時以来、父と文学との関係は、切り離せないものとなった。「本気で書く気になった。」という述懐が、十数年後の新聞に載っている。

大学卒業後、父は呉市の県立高等学校に就職し、呉市に下宿した。洗濯など一切したことがなかったから、洗濯物は岩国へ持って帰り、呉へ運んだ。往復の途中に母の家はあったから、何度かは母の家に立ち寄っている。その頃の父の印象を、母の両親は「坊ちゃん坊ちゃんした感じ」と言っている。

母は卒業論文を書く時期になって、資料の一切を父に読ませた。父が日本語で書いた論文を、母がかなり修正はしたが英訳して、タイプに打ち、提出した。母が自宅から通える公立中学に就職した春、父の祖母と母とが、母の家を訪れて、結婚の申し込みをした。母が教員生活に慣れるまで待つため、一年後の挙式が決まった。

結婚を機に、父の一家は、広島市の東南部の町に借家を移した。

父と母との結婚生活

父と母との結婚記念日は、三月二十九日である。教員同士なので、いきおい生徒の春休み中に日程をとることになる。仲人には広島文理大学出の大先輩をわずらわせた。父二十四歳、母二十三歳。「いかにも頼りない若ぞうに見えたにちがいない」と父は後で言っている。新婚旅行は山陰の四泊五日で、縁結びの神様・出雲大社には、四月一日、エイプリル・フールに参詣している。

広島市東南部の借家には、父の祖母と母親が同居した。夫婦ともにかけ出しの教師で、給料が少なく、共かせぎでも家計は苦しかった。父は呉市に通勤して、朝は早く、夜の帰宅もおそかった。母は勤めから疲れて帰ると、家事一切を手伝ったが、父の祖母・母親と顔をつき合わせて、むしろ気疲れはひとりで家事をするよりひどかった。

それに、父の親戚や知人がよく訪れた。夜おそくまで酒の席で応対を強いられて、母の健康は気力・体力ともに衰えた。そんな苦境の中で、母は身ごもった。つわりがひどく、早くから早産のきざしが出て、食物ものどを通らなくなった。

男児出産、四日後に死亡

結婚して一年五ケ月の夏、母は予定日よりも二ケ月以上早く、男児を出産した。一二八〇グラムの超未熟児である。赤子はお尻を看護婦さんにたたかれてようやく、かぼそい産ぶ声を挙げ、保育器の中で四日間生きて、心不全で死んだ。母が入院中で不在の、わびしい葬儀があった。「まともに育っても、後で苦労しただろう。」

と父は慰めたが、落胆はおおうべくもなかった。

母が中学校の平常勤務に復帰してからも、気苦労から来る健康の不全は回復しなかった。

母の実家の敷地に自宅新築

母の健康回復のため、実家に帰すことにして、父は親と別居して、母の実家の離れに移った。母の実家の敷地に、金融公庫から借金をして小さな家を建てることになった。貯金など一切ない父は、自己資金のぶんまで共済組合や互助会から借りた。昼間は父も母も勤務があるので、工事の進みぐあいを見て苦労したのは、母の父親である。工事が進むにつれ、途中で大工さんに支払う金に窮して、父は授業を休んで、わずか五万円の金を借りるのに奔走した。そのどさくさのさなか、母が懐妊した。この子が長女である。

ドキュメント　二　懐妊中の子宮筋腫手術

1　子宮ごと摘出する？

前に早産で子供を失っているので、今度こそは健康な子供を産んで、りっぱに育てたいという切望があった。その矢先に、子宮筋腫だとわかったのである。結果から見れば、懐妊すると、子宮筋腫が肥大して、切迫流産か、極端な早産かになってしまうということなのだが、そんなことになっているとは、医者も当時は気がつかなかった。

懐妊中に子宮筋腫と分かる

母は懐妊が判明した秋、盲腸手術をして、引き続き健康が不全のまま学校勤務を続けていた。出産予定は、翌年六月初旬である。何度目かの産科の検診で、子宮に「原因不明の異常」があるのが発見されたのは、年末であった。

前の子供をほとんど流産に近い早産で亡くしていることは、医者に口がすっぱくなるくらい言ってあった。今回も流産もしくは早産になるきざしは、懐妊初期からあらわれていて、正常な分べんのためには、一日も早く入院か、それと等しい家庭での安静が必要であると、勤務校の近くの開業医は言った。しかし、「原因不明の異常」を理由に、勤務を休む安静が必要だ、という診断書を書こうとはしなかった。懐妊中なので、子宮にレントゲンを当てることもできないということなのである。

結果から見ると、誤診である。勤務先の校長も、当然のこととして、診断書の出ない長期休暇を認めるはずがなかった。

子供は生涯産めなくなる！

産婦人科を変えて、ある大会社の経営する総合病院で診断を受け、父と母とは顔色を変えた。「異常が認められるが、悪性腫瘍の可能性もあり、切開手術をしてみなければわからない」とその産科医は診断した。子供は産めるのかどうかと問うと、「子宮そのものを摘出するのだから、生涯だめ」と言う。即刻入院せよと言われて、驚いて逃げて帰り、二度と行かなかった。

暗い正月であった。

2　手術すれば百人でも産める！

まれなケースの大手術

年が明けてすぐ、母の幼な友達が名医を紹介してくれた。当時、広島市民病院の産婦人科部長で、広大医学部にもよく出張手術に行く人である。早速、すがりつくような気持ちで求めた診断は、実に明快であった。

胎児が大きくなるにつれて筋腫も肥大するから、筋腫の摘出は早い方が、胎児への影響が少なくてすむ。悪性の腫瘍ではない。胎児を子宮胎内に生かしたままで、筋腫だけ摘出ができる。筋腫の位置が外側であるからだ。子宮は健全な形で残るから、今、懐妊中の子供だけでなく、今後も産もうと思えば、百人でも産める！

まれなケースの大手術は、一月二十四日に行われた。期待と不安とに緊張しきっていた父は、手術室の隅に立っていたが、母が手術台の上で看護婦さんにお腹の柔毛を剃ってもらっている段階で、追い出されてしまった。

母は手術台の真上にある円形の鏡に自分のお腹が映っているのを見て、これでは自分の腹の中まで見えるなどと考えているうちに。ぱっと目隠しされてしまった。全身麻酔である。

二時間半の後、手術のすんだ母がベッドに眠ったまま運び出されて来た時、平常な呼吸をしているのを見て、父は安心した。子供のことをたずねると、「元気に動いてますよ。」と執刀の名医は、こともなげに言った。

手術後の経緯は順調だったが、切迫流産の危険は、筋腫による圧迫のためでなくても、手術の影響ということで去らなかった。入院が長引き、母はそのままずっと学校には勤務できないで、休職の期間が切れて退職した。以来、主婦専業である。

かろうじて流産を免れる

父はほとんど毎日、学校の帰りに母の入院先に立ち寄った。話題はたわいもないことでよろしいのである。たとえば父は、手術前に母がお腹の柔毛を看護婦さんに剃られているのを見ているから、下腹のも全部剃ったにちがいないと笑った。母はまっこうから否定した。

ともかく健康な子が生まれるように、祈る思いの日々であった。いきさつがいきさつだけに、意地からでもこの子を元気に出産したい、と言い言いした。しかし、早く生まれたらよいと思ってはいけないのである。早産の可能性は常にあり、できるだけ長く胎内にとどめる処方が続けられた。はれものにさわるように安静を続けて出産を待つ日々は、うんざりするほど長かった。そして長い方が望ましいのであった。

いろいろ異なったたくさんの理由でもって、こんなに無事の出産を待たれた子は稀だろう。名医はむろん命の恩人である。そして読者の方には、誕生前から、あるいは幼時から、あわよくば東大などと考えて育てたのではないことが納得していただけると思う。それどころではなかった。

こうして長女は、その年の六月二日、予定日より一週間早く無事に誕生した。それから二ケ月経って、家が完成し、親子三人で新居に移転した。

第三章　性格は三歳までに決まる

――その地盤としての家庭

1　母がつききりの子育て

才能の有無は言ってもむだ

人間の生涯を大きく左右する要素にいろいろある。そのうち生まれつきの、つまり先天的な、しかも目に見えない要素については、現われてみなければ何とも言いようがない。また、手段をつくしてみても、どうしようもないことが多い。いわゆる才能などというのが、そうである。現われた結果を振りかえってみて、説明のつかない資質に、名をつけたまでのことにすぎない。

才能がないと嘆いてみたところで、慰めにもならない。才能がないからといって子育てをやめる親はあるまい。持って生まれたものをうまく引き出して磨くところに、努力の成果はあらわれる。先天的な資質そのものについて、どうこう言っても始まりはしない。

問題は、生まれた後にどうするか、という後天的なことの方にある。

性格は三歳までに決まる

後天的な要素のうちで、最も早い時期に形成されるのは、その人の性格ではないかと思う。持って生まれた性格という言い方もあるいは成立するかも知れないが、たぶんそれは、あまりに幼い時期に形成されるために、そのように感じられるのではないだろうか。そして、その性格を決定するものは、親のしむけ方であり、親の性格が子に反映していると考えてよいのではあるまいか。

親の性格が子に遺伝しているように見えるのは、そのためなのだろう。遺伝とは先天的に子にのこし伝えられるという意味だが、人の性格は、遺伝によるのではなく、周囲にいる人間のあり方を含め、生育した環境によって決まってくるように思われるのである。

成人した後にも、環境の変化によって性格も変わってくることはある。あるいは「格」といった一定の決まりは、人間である以上、常に変化するから、存在しない、という言い方もできるだろう。それらをすべて認めた上で、こういう傾向がある、ああいう反応の示し方のパターンがある、といったものを性格と呼ぶとすれば、それらが形成されてくる時期は、一応まず、三歳くらいまでと言ってよいだろう。「三つ子の魂、百まで」ということわざもある。

小さい「ふさふさちゃん」

長女が広島市民病院で生まれた時、父は陸上競技の審判員として広島県営グランドにいたのを、呼び返されてかけつけた。二五五〇グラムの、未熟児すれすれの軽さであった。

頭髪が非常に濃く、まっ黒で、十センチほどに伸びたのが全部天を向いて生えていた。たちまち看護婦さんたちによって、「ふさふさちゃん」という名前がつけられた。母は自分の幼時体験から、脚の関節の健全を確認して安心した。

赤ん坊の育て方そのものについては、特記すべきことはない。それなりに育児書も多く出版されているのを読んだわけだし、離乳の方法も時期も、立って歩く時期も、まず平均的なもので、ことさらに特別な方法をとったわけではない。誕生後二ケ月して新居が建ち、移転した。母はそのまま学校を休職し、やがて退職した。何もかもが落ちつき、母の健康もすっかり回復してくると、母は育児に専念した。

ただ、育児に専念といっても、いろいろの段階がある。ふつう最初の子には親がよく手をかけるというが、その程度がとくにべったりだったということは、言っておいた方がよい。

「手のかかる子」と「手のかからない子」ということがある。放っておいても子は育つという考え方もある。「手のかかる子」になったのは、親が手をかけすぎたからだ、という言い方もある。それを逆手にとって言えば、後に「手のかからない子」に育つように、親が手をかけたと言ってもよい。ひとつひとつのしつけを、目標を定めて、根気強く実行した。溺愛がよくないと言うなら、親が愛に溺れないように配慮することを含めて、すべてに万全の配慮をしたと言ってもよい。

したこと自体はすべて平凡なことにすぎない。その手のかけ方そのものが平凡でなかったと言ってよい。「かしこく丈夫な子に育つように」と願わない親はいない。できるだけのことはしてやりたいと願わない親はいない。それでいて、どこの育児書にもある平凡なことを、徹底的にひとつひとつ目標を定めて、根気強く実行したと言い切れる場合は、意外と少ないのではないだろうか。

ちなみに日光浴であるが、その年の秋から冬、また春と一歳になるまで、晴天の日は必ず、南の縁側にふとんを移して、まるはだかにして頭布だけかぶらせ、つきっきりで実行した。寒い日にもガラス戸を開いているから、はい始めて放置すれば廊下から庭に落ちてしまう。目を放すことができない。

おかげで、全身陽に焼けてまっ黒になった。色の黒いのは小学校上学年くらいまで続いたと思う。そのため、かぜは引きにくくなった。ただ、父の体質を受けついだと見えて、熱を出すと必ずひきつけを起こした。よもぎが効くと聞いて、汁を飲ませてから、ピタッと止んだ。

離乳期から幼稚園頃まで、食べ物にきらいなものが生じかけると、手を変え、品を変え、目先を変えて食べさせ、偏食させなかった。きちんとできるようになるまで、しんぼう強く、あきらめずにくり返して、実行しようと決めたことを実行した。

母と子の根気くらべである。母が負けなければ、子がすなおに従うようになる。

集中力と持続力の養成

要は、集中力と持続力（根気強さ）とである。

そして、この性格が三歳までに決まると述べた時、きちんと身につけておきたい性格は、この集中力と持続力となのである。

もちろん、親がそうするからといって、一歳ほどの子供にそれがすぐ伝わるというものではない。しかし三歳までに、くりかえし巻きかえし実行して、習慣がついてくると、それが当然のようになって身につくのだと思う。

だれもが言うように、子育ての根本はまず体力の養成である。たとえばスポーツをさせる。スポーツの場合には、それを通して精神力を養う、などと言う。

それと同様に、生活習慣をきちんと身につけさせるような場合も、ひとつひとつのしつけそのものは些細なことである。したことすべては平凡なことにすぎない、と述べた意図は、実はここにある。「何をする」という「こと」自体はさして問題にならない。その「こと」をさせる過程で、それを通して、集中力と持続力を身につけさせようと言うのである。

いったん、集中力と持続力とが身につけば、今度は「何をしても」「どういうことをしても」集中して根気強く実行できるだろう。こう考えれば、これはたいへんなことだとわかる。

うちの子はあきっぽくて、と親があきらめたように言う。その時、その人自身があきっぽいとまでは言わないが、子に対して「あきっぽい態度」で接したな、と思う。

三才まで、というのは、次のような理由からである。幼児の好奇心はすべての対象にわたる。好き・きらい、興味の方向が決まらない前に、実行しなければならない。きらいなものが決まってくると、すぐあきるのは当然である。

とは言え、集中力と持続力の養成は、なかなかたいへんな作業である。それを養成するためには、親がまさしく「集中」して実行を「持続」しなければならないからである。

2　テレビを置かない家庭

親がテレビを見る暇がない

今どき、テレビのない家庭などといえば、珍しいのを通り越して、異常なもののようにも思われよう。よく理由も問われた。時には、子供がかわいそうだと言う人にも出会った。何と言われてもかまわない。三十年近く続けてきて、何とも思わなくなった。七十歳になって、子供たちがみな独立してしまい、老夫婦ふたりだけになった時、購入するかも知れない。

はじめは、テレビを買うだけの経済的なゆとりがなかった。家は新築したばかりで、借金だらけ。おまけに部屋が狭い。三畳の茶の間に、テレビを置く空間がなかった。ポータブルふうのなら置けないでもなかったろうが、強いてテレビが見たいと思わなかった。

父は夜、文学仲間で出している雑誌に載せるための原稿を書いた。「酒を飲む暇はあっても、テレビを見る暇はない」と言うのである。月に一・二度、日曜日に文学関係の会合がある。会合に出て行かない日曜日・祭日には、ほとんどの時間を読書と原稿書きとでつぶした。

勉強が好きなのではない。原稿のしめきり日に追われていた。原稿料の入るような依頼されたものは少ない。文学仲間の中では、他人に原稿を書けと催促する側に立っていたから、自分からその責めを果たす必要があった。

テレビを見たくないというのではない。社会的な意味での知識などは、恐しい早さで新聞を読んでしまうのだから、結構広く、深い。「テレビは目を長時間とられるから、見ていると他のことができない」と言った。母も、「娯楽のためにテレビを見るほど暇ではない」と言っている。見ておもしろくないと言うわけではない。子をベビー・サークルに放置しておいて、自分はテレビを見るといったことをしなかったまでである。

母の実家はとなりであるから、子の〈母の、ではない〉気分転換のために、娘をつれて時にロンパールームあたりは見た。それが終われば、育児の日課にもどる。

テレビの功罪と無関係

テレビの効用について知らないわけではない。テレビの使い方を誤ると害になることが多い、という点を強調するわけでもない。要するに、理屈ぬきでテレビを置かなかった。

このことは、後に娘が小学校へ行くようになって、またあれこれ話題をＰＴＡの会合などに提供することになる。今は、母が育児に集中することになったのも、テレビを置かなかったことが大きく影響していることだけ述べておきたい。

いつもテレビを見る習慣のついている人が、「テレビを見ない日」を自ら設定すれば、どういうことになるか。昼はスポーツ、夜は家族との閑談でもする他なかろう。何ともさわやかな話ではないか。

マスコミの中のデスコミ

父は、マス・コミュニケーションの発達によるデス・コミュニケーション、ということを言った。つまり、テレビを見ながら家族全員が茶の間に集まって夕食をすれば、いかにも「だんらん」をしているような気になるのかも知れないが、その実、ひとりひとりは自分のたこつぼの中に心をうずめているから、家族間のコミュニケーションは全くできていない。逆に、ひとりひとりが孤立してしまって、意見の交換や相互理解ができなくなっている、と言うのである。かりに話題があっても、それはテレビに出てくる他人についての話であって、自分に直接つながりのある話にはならない。

テレビがないということになると、夕食の時など家族全員が集まる時間には、どうしても直接自分の生活に即した話題について話し合うことになる。話題が狭くなると言う人もあろうが、そうと限ったものでもない。テレビに出てくるアカの他人の論評をしてみても、自分の生活感情を豊かにするとは思われない。

主体的に生活を創造する

要は、テレビが提供してくれる受身一方の娯楽よりも、自分たちの主体的に作り出した楽しみの方を選ぶ、という点にある。話題が豊富だ、自分に直接かかわるといっても、夫が勤務先の仕事の話を妻に語るということであれば、いきおい、上司への不満になったり、ぐちになったりすることが多いだろう。おもしろいはずはないから、テレビでうさ晴らしの方がマシだということにもなるだろう。

そういう主体性のない話ではない。真に楽しい話題とは、自らの手で生活を創造することに直接の関係を持つものにちがいあるまい。

今、趣味のありようについて論じれば、際限がなくなるから、言及しないが、趣味も本来、自らの主体性をもって価値を作り出すものでありたいという点については、だれしも異論はあるまい。趣味に没頭して、テレビを見る暇がないという人があってもよかろう。テレビを家庭に置かないからと言って、目くじらを立てたり、変わり者扱いをするほどのことでもあるまい。見ない習慣がつけば、さして見たいとも思わなくなることは確かである。

3　とりとめのない話題

ともに勉強して行ける人

曽野綾子さんに『誰のために愛するか』という名著がある。その『続』の方に、次のような一節があって、感銘を受けた。

ある青年が、結婚の相手となるべき女性に望むこととして、「一生ともに勉強して行ける人」という条件を第一に挙げた。もちろん、その青年の場合も、次の条件としては「健康な人」「かしこい人」「できたら美しい人」と続くのだろうが、こういう青年が望みに近い結婚をしたら、さぞかし一生、夫婦の間では、学生同士のような豊かな会話が続くだろうと思われた、というのである。曽野綾子さんも、さわやかな感じに心を打たれたと書いている。

曽野綾子さんも言うように、勉強という言葉の解釈のしかたはいろいろあるけれど、料理のおけいことか、お茶・お花を習うとかいう程度のことではないだろう。逆にまた、学術論文を書くというようなことでもあるまい。

「夫婦の間では、学生同士のような豊かな会話が続くだろう。」というくだりに感心したわけだが、このような会話は、もちろん意識的にしようとしてもできるものではない。自然発生的にそういう雰囲気ができるのだと思う。

あるいは共通の趣味を持つ夫婦なら、かなり克明な形でこのような会話ができるかもしれないと思う。しかしそんな夫婦は、また稀だろう。

父と母の場合は、別に「一生ともに勉強して行ける」などという約束はおろか、考えてみたこともなかった。学術的な意味での勉強も、しんぼうが必要な部分が多くて、二人とも好きではなかった。せいいっぱい共通な話題を文学に見つけようとしても、父の方は「もの書き」のはしくれだが、母は文章を書くことがにが手であった。

学生時代に読んでいた本の種類も、父は日本の現代文学が多く、母は英文学が多かった。文学の話をするとすれば、せいぜい、父があまり知らない英文学のことについて母にたずね、母がおぼつかない返事をするくらいのことであった。

一般に、子供が生まれたら夫婦の話題は多く、子供のことになる。それも今日こういうことがあったとか、かぜを引いたとかいった程度の次元である。職場で疲れて帰った夫には心の負担になることも多かろう。ましてや、どういう育て方をするかとか、将来の希望とか、たいそう理論的な話は、よほど何かの問題でも起こらない限り、生じてこないのがふつうである。

父は食物に好ききらいをあまり示さない。母は父の好みを少しずつ知ると同時に、味付けを自分の好みにして、父の舌を教化してしまった。夕食の時にも、料理そのものの話になることは少ない。今食べているものに関連して、こういう郷土料理がある、どういう時に食べるとか、一般にとりとめもない話である。

夫婦が作る風土文化史

夫婦というのは、一般に、全く生育歴の異なる人間同志がいっしょに暮らすわけだから、土地風土もちがえば、体験の性質も異なり、身についた風習もポーズもみなちがう。それをお互いに好ましいとか、あまり気にならないとか感じながら生活して行く。気になって、いやでしかたがなければ、がまんするか、破局がくるか、といったことになる。長く時間が経てば、そのうちに断片的にではあるが、いろいろな分野での過去の日常的体験を伝え合い、共有する時間に共通の体験も多くなって、なじんでくる。

昔はそのようなものを「家風」などと言ったが、今は一方的に嫁に押しつけるのでなく、お互いの協力で独自の風土文化史みたいなものを作ることになろう。問題はその文化的品質の高さである。美術・音楽など芸術に、素人同志が興味を持ち合っているようなのが、あるいは平均点が高くなるかもしれない。片方が専門家だとひらきがありすぎる。

今、母の方が当面しているのは、絵本・童話・童謡への関心である。それをテコにして、父が話題を深めて行った。子供に与える絵本の選び方は、実はかなりむつかしい。学術的な角度や文学的意味などというと硬くなる。そんなことではない。

たとえば『かぐや姫』の話だが、年令に応じて三十冊くらい絵本が出ている。原典の『竹取物語』との比較は、おもしろく父が語った。『星の王子さま』まがいの変な話になっているのを母が見つけた。『桃太郎』の話は全国的に散らばって、全部話の内容が異なり、それぞれ土地風土と結びついている。絵本ではどれも、侵略戦争と帝国主義的搾取〈きびだんごを代償に、戦争をさせる〉に堕している。『浦島太郎』も万葉集以来、お伽草子あたりまでかなり古典的であったが、いつから教訓話になってしまったか。

父が計画したのは、創造力の養成である。まず父と母との想像力を養わなければならない。もちろん、その水準をいきなり子に下ろして行くのではない。母が子に読み聞かせるとして、母があきてしまわないためには、想像をかき立て熱意を燃やし続けていなければならない。

英文に関心のある母が、浦島と同じ話なら、英国には『リップ・ヴァン・ウインクル』があると語った。早速、比較である。『マザー・グース』の童話や童謡には、子供の読み物としては残酷な話が多い。なぜか。『カチカチ山』の話は、日本のものの中では最も残酷だろう。他にどんなのが、どちらが残酷か。『さるかに合戦』の童話では、被害者であるはずのかにが、自分より弱い立場の柿の種に向かっては、「早く目を出さぬと、はさみでちょん切るぞ」と脅迫しているのだが、どう考える？

英語の童謡で母にへこまされた父が、「ずいずいずっころばし」を解釈してみよ、と迫った。

「茶壺に追われてとっぴんしゃん／ぬけたらどんどこしょ」である。

江戸時代、銘茶を将軍に献上するために、「茶壺のお通り、下に、下に」と行列が甲州街道を江戸にくだった。子供が道で遊んでいて、土下座をしないと、侍にお手討ちにされてしまうから、庶民の親が子供を家の中に閉じこめた。「茶壺のお通りのために楽しい遊び場のずっころ橋から追い払われて、とっぴんしゃんと扉を閉められた」のである。

その行列が「通りぬけたら、外へ出てどんどこ大さわぎをして遊びましょ」だから、「お父さんが呼んでもお母さんが呼んでも行きっこナーシ」なのである。

権力なんかふきとばしそうな何とはつらつとした子供の世界だろう。……とりとめもないが、文化の創造を基礎ににらんだ話題の一つである。

コーラス　二　素人の体験的幼児教育論

1　母の語りかけ

母の役割と父の後援

育児論、幼児教育論の名著は多い。いく冊かは読み、教えられたが、異を立てる点はない。それほど熱中して読んだ記憶もない。健康な子に育てたいという親の願いも、だれしものことで、改めて述べることはない。ここでは、知的興味を育てるために実行したことだけについて述べようと思う。ただ、知的な分野といっても、三歳までの子供に何の知恵をつけてみたところで、さしたる問題にならない。さきにも述べたように、三歳までに子供の性格が決まるという点に留意して、性格の形成に大きく影響したことに焦点をあてたい。

また、三歳までの子供には、母親の態度が大きく影響する点についても、論をまたない。さきにも述べたように、母が子につき切りで育てた。父がその後援者、もしくはかじとりとして果たした役割も大きい。母親の創造力の源となり、母自身の集中力と持続力との基盤として、母の実践の背景となっている。

よく赤ん坊に向かって母親が語りかけている姿を見かける。赤ん坊が泣いていると、「よしよし」とあやしたり、「おっぱいが欲しいの」と問いかけたりするのは、だれでもすることだろう。語りかける言葉がたくさんになると、わけもわからない赤ん坊に何を言っているのかと、親ばかを笑いたくもなるし、かわいいんだなとほほえましくも感じられる。それらは母親が無意識にしているのである。

わからなくても語り続ける

この赤ん坊への母の語りかけを意識的に、集中的、持続的に実行した。

もちろん赤ん坊に意味は分からない。さしたる反応も一歳過ぎまではない。親ばかと見られてもかまわない。ことあるごとに徹底して、意味の通る言葉で語りかけるのである。

スキン・シップという言葉がある。肌の触れ合いが心の交流に果たす役割の大きいことをいうのである。抱きぐせをつけたわけではない。ひとりで寝かせておいて、目をさましている間は、わからなくても御構いなしに、言葉で語りかけたわけである。

しゃべり始めは早まらない

だからといって、早くから娘がしゃべり始めたということはない。しゃべり始めるのは普通、二歳になる頃だと謂われるが、むしろその時期は遅いくらいであった。しゃべり始めると、しかしすぐ何でも年令相応に、娘は話すことができた。

とくに注意しておきたいことは二点ある。

ひとつは、しゃべり始めない前から、母の語りかけに反応を示し始めて後は、母が語りかけると、じっと母の顔を娘が見つめる。その見つめ続ける時間が、長いことである。母が語り続ける時間が長い。その間じゅう、娘は母の顔から眼をそらさない。

もうひとつは、かたことをしゃべり始めた後は、母が同じことを何回も言う、それを不完全ながらもまねをして娘が言う。何回も同じことを言うのだが、完全になるまでくり返す。母がいろんなことを言う。娘の話せることの種類が多くなる。

この母の語りかけが、娘の性格形成に果たした役割は計り知れない。

2　絵本の読み聞かせ

毎日二時間も三時間も続く

娘が母の語りかけに反応を示し始めた頃から、理解できないことを承知の上で、母が絵本の読み聞かせを始めた。娘がカタコトをしゃべり出してからは、毎日、しかも二時間も三時間も続くのである。

同じ絵本を毎日、何回もくり返して読み聞かせる。時には、わかろうとわかるまいとかまわず解説をつけることもある。ただし、勝手な解釈でなく、内容に即して想像力をはたらかせた範囲にとどめ、しかも想像は広く、深くなるように工夫する。

母の方は全く暗記してしまう。娘が絵本を持って、じっと聞いている。母の解説を聞いていると、絵本の内容の背景が、娘の頭に広がる。「もう一ぺん」とか、「また、あのご本読んで」とか言うことになる。文字が一字も読めなくても、娘が一言もまちがえないように言えるまでになって行く。はじめは母の解説をくり返しているが、時に、「こうなるの？　ああなの？」と想像して質問するようになる。母が内容に即して修正したり、さらに想像を広げて解説を補充する。

母の方も根気強くしんぼうすることになるが、いつも新しい補充がつくから、娘の方もあきることがない。

文字など教える必要がない

文字など教える必要はさらさらない。幼い頃、文字が読めるなどと喜んでみても、はかない。文字は自分の名前だけ、それも小学校入学までに読めれば足りる。

感情と切り離した知識など、全く無意味と言ってよい。

文字など教えなくても、小学校入学までには自然と憶えるだろう。物語の状況を通して、人物の感情をとらえ、想像によってその感情を自分のものとして身につける。その感情を口上でしゃべることができればよいのである。

感情をこめた語り口

相当の量の絵本が、破れたのをセロハン紙で張りつけて、読み聞かせに使われた。ボロボロになっても捨ててはいけない。娘が愛情を持つ。母がその愛着を育てる必要がある。文字が読めないのに、一言も言いちがえなくなる。その次には、感情をこめた語り口を育てる。狼は狼らしく、ドスの効いた低音でおどかす。白雪姫はかれんな声でかわいらしく話す。時には、簡単なポーズをつけることもある。人物や動物たちの感情をくみとった語り口が、娘の感情育てに果たした役割は大きい。それも毎日、長時間にわたるから、集中力、持続力をきたえたことは明白である。

3　童謡の歌い聞かせとレコード

「う子ちゃん」に教えて

古いオルガンが母の実家にあった。いくらか娘がしゃべれるようになってから、母は毎日、それも長時間にわたって、童謡を弾いては、娘に歌って聞かせた。同じ歌を何回もくり返し、正確に歌えるまで続けるのは、絵本の場合と同じである。何日も続けていると、二番、三番まで娘は歌詞を憶えてしまう。

少しずつレパートリーがふえる。前に憶えたのを忘れないように、ずっと同じ歌をくり返し続ける。しだいに歌の数がふえると、時間もだんだん長くなる。新しい歌が時々入るから、娘の方もあきない。

娘の好きな人形がひとつあった。うさぎの長い耳をつけた三十センチくらいの人形である。母が「う子ちゃん」と名をつけた。「う子ちゃん」を抱いて、娘は母に何度も歌をねだった。「こんどは、う子ちゃんに聞かせてあげよう」面倒くさがらずに、母は何度も、「うさぎさんが来てネ、お名前をつけてと言いました。ぴょんとはねて、ウフンと笑って行きました。」と歌った。

「雀さんが来てネ…」は、庭にすずめがくる実景だった。「こんどは、う子ちゃんに教えてあげて」と母がしむけ、「こんどは、すずめさんに」と娘が何度も同じ歌をくり返して歌った。

絵本に登場するあらゆる人物や動物たちが、その場面に即した童謡を感情をこめて歌い始めた。童謡のレコードが毎日、くり返し、リリーちゃんの声で歌った。レコードのジャケットに、童謡歌手の写真が並んでいた。大きなリボンをつけたのがリリーちゃんだった。『浜千鳥』は「う子ちゃんがシーンとする歌」だった。

古典的素養につながる

幼稚園にあがるまでに、不完全ながら〈時に三番の一節を忘れるとか〉歌える童謡は、いくつになっただろうか。——少なくとも、テレビで流す俗っぽいコマーシャルなどとは比較になるまい。古くからある良いものは、良いのである。これはノスタルジアではない。誇張して言えば、古典的素養につながる創造の基盤と言っても、過言ではあるまい。

第四章　善を責める

——遊びの中で自己をきたえる

1 わが子は教育できない

中国古代の話に、当時の君子は、お互いにその子供を交換して教育したというのがある。つまりA氏の子供はB氏が教育し、B氏の子供はA氏のもとで教育を受ける。学校というものがなかった時代のことだから、そういう方法をとったわけである。なぜそうしたかというと、親というものは、我が子が少しでもよいことをするとすぐほめるから、ダメだというのである。

親はすぐほめるからダメだ

親ばかの心情は、いつどこの国でも同じだということである。自分がうれしいものだから自分の感情におぼれて、つい頬がゆるんでしまう。逆に、わが子が悪いことをすると、腹が立つからその感情に任せて、子供を叱りつける。親がわが子に勉強を教えていて、子供がわからないとなると、自分の教え方のまずさは棚に上げて、「ばか。これがわからんのか。」ということになる。そうでなければ、子供には「勉強せよ」と叱っておいて、親自身はテレビのナイター中継にうつつをぬかして放任している。どちらかになりやすい。

専門家もわが子は教えない

いかなる教育専門家でも、わが子は教育できない。これは例外なく、また教育の専門家ならなおさら、よく知っていることでもある。その理由は、「善を責める」ことができないからである。

「善を責める」というのは、子供がりっぱなことをした時、感情におぼれてほめ上げず、高く評価しながらも、まだ不足のところ、もっと気をつければさらによくなる点を指摘し、次の目標を与えて励ます、というほどの意味である。これは親の立場としてはむつかしい。わが子は教育できないというのも、もっともだと思う。

2　父の叱り方

「愛すべき無茶」

子供は叱ってはいけない、ほめておだてて意欲を持たせる方がよい、という意見がある。ハト派である。こっ酷く他から叱られたときに衝撃がひどくて、弱いだろう。

びしびしときびしくしつけて叱らなければならないという意見もある。タカ派である。叱られる子供がおじけて、意欲を失ってしまうおそれがある。

子供の叱り方についても、たくさん好著が出ている。読めばみな、もっともなことが書いてある。感心してその通り実行しようと努力するのだが、感情に流されてなかなか実行できない。感情に任せて叱りとばすのがよくないと、頭ではよくわかっていても、感情が収まらないで、つい声が荒くなってしまう。

父も高校教師だから、教育専門家のはしくれである。勤務先の高校の生徒たちに言わせると、父の叱り方は、「愛すべき無茶」なのだそうである。少しぐらい悪いことをしても、呼びつけられる前に、生徒の方から自発的に「すみません」とわびて行けば、叱らない。「この次からどう判断して、どうすればよいか」を生徒自らに言わせて、それが望ましければ、補足意見を加えて「よし」と釈放し、カラッとしている。

「知りませんでした」「気がつきませんでした」となると、「どう分かったのか」「どこに気がついたのか」をねっちり問う。黙っていると、「答えよ」と声が荒くなる。「知らなかったのだからしかたがない」とでも弁解すれば、目の玉がとびだすほどの大声でこっぱみじんになるまで叱りつける。逃げ道をふさぎ、弁解が成立しないところまで追い込んでおいて、雷と津波とが同時に襲うように叱る。終わるとあとではけろりとしているから、「愛すべき無茶」といわれるわけである。

「こう思ったのか」「こう判断したのか」とカマをかけることもある。うっかり「そうです」とでも答えたら、百年目である。高校のヒゲを生やしたオッサンみたいな生徒が、教員室に呼ばれた時から、直立不動でブルブルふるえ、やがて泣き出す。泣けばまた、「今になって泣くくらいなら、はじめから、くだらんことをするな」とどなりつける。

校内暴力などがはやった時代に、「中学生ならワカランことがあるが、高校なら話せばワカルよ」と言った。「ツッパリたい奴ほど、もろいよ」とも言った。先輩のモサ連中から、うわさを聞いているので、一種の「虚像」があって、コワイことになっている。理論家肌だから、よく頭の切れる生徒が言い詰まらされる。悪童がかえってよく言うことを聞く、というのが定評である。

叱る演技に徹する

大声でどなりつけている時は、ちっとも腹を立てていない。効果を計算しながら叱るから、愛情が伝わる。だから後で、カラッとしているのだ、と自称している。そういう演技ができるのが、教育技術のひとつだ、というのである。

実際にどなりつけられる生徒にとっては、その場はたまったものではあるまいが、叱る目的が意図的であって、感情に左右されまいと努力している証拠にはなるだろう。

よく愛のむちとか言って、叱る側が感情をまるだしにして愛情をこめて真から怒るから、それが叱られる生徒に伝わるという。そういうケースもある。ただ、そういうセンチメンタリズムはある特定の一部にしか通じない。親子の場合は、あるいは最もつながりの強い特定の一部は、それでよい。しかしきわめて前近代的なナニワブシに過ぎない。

それでは、心底から腹を立てた時は、どういう態度になるのか。ニッと冷笑して後、何も言わず見つめる。放任するのではなく、教員室で椅子に坐らせたまま、見つめ続ける。「答えよ」とも言わない。しんぼうが要求されるのは、教師の側である。生徒が逃げ出せばまた呼んで、「わかりました」と言うまで待つ。むしろ、大声でどなりつけられる方が、生徒にとっては楽である。

叱られる方がまだ救われた気がする。無言くらい冷たい評価はないことを、生徒が知る。この方がよほど恐しい。じれた方が負けである。しんぼうすることにかけては、人生経験がものを言うだろう。生徒が教師に聞いてほしくなるのを待つのである。

家庭で、娘に対しても、父は同じような態度をとろうと努力した。ただ、実の娘の場合は、冷笑、無言ができない。腹を立てれば、自分の身の上につばをはくようなことになるから、腹を立てることもできない。いやでも怒りを収めて、感情に左右されずに、論理で叱る以外に手はなくなるのである。親として、というよりも他人の生徒と同じような扱いをしようと努力していたとも言える。

叱られる要領と言うものがある。半ば父がその生徒に教えたようなものだが、「知らなくてすみません」というあやまり方がある。視野を広げ、他への思いやりを持ち、知っているべきだったということを自覚した後で、知らなかったこと自体をわびるのである。謙虚さと抱擁の広さとを兼ねそなえていないと、言えるせりふではない。

若いということで、知らない、視野が狭いのはある程度やむを得ない、という前提がある。そういう時、自ら「善を責める」という角度が明確に出てくる。その後ではじめて、知らなかったのはしかたがない、今後は気をつけようということになる。「善を責める」のは、子供の向上心を培う意味で、理想的だと言える。

3　幼稚園は三年保育

リードする責任を早くから

三歳九ケ月の時、次の四月から募集に応じて、近所の保育所へ行かせようとして申し込んだところ、母が共稼ぎでないからという理由で断られた。しかたがないから、近所までスクール・バスで送迎するというので、かなり遠くの幼稚園に行かせることにした。この偶然が後に大きく影響を及ぼすのだが、当時は先のことまで考えなかった。母にべったりである娘に社会性をつけるといった程度の考えしかなかった。

結果的に、三年保育に入れて良かったと思うことがふたつある。

三年保育のクラスは、いわばその幼稚園では一番長く在園するということで、何事につけたいせつにされる。三年保育の二年目になると、他の二年保育のクラスが入園してくる時には、すでに一年の在園経験がものを言う。遠足、発表会など行事のどれをとっても、やることの水準がちがう。三年目の最上級生になると、全園のリーダー・シップをとって、三歳児のエスコートまで任される。

園内のどういう場所に、どういうケガをする危険があるか。どういう方法をとったら、三歳児をうまく誘導できるか。自分だけが気をつけるのではなく、下級生に対する配慮までさせられる。自分が習うだけでなく、他人に教えてみてはじめて自分でもよく納得がいく、という点で、早くから体験することが貴重なのである。まるで先生並みの判断を要求されることになるが、むろん年齢相応のことしかできない。それでいい。リードする体験を積ませることである。

もうひとつ。三年保育の初年度には、子供のかかる伝染病のあれこれ、すべてをもらってくるのがよい。極端にいえば、その一年は免疫のために棄てたと思ってもよい。二年目からは病気欠席をしない。知・徳・体全般にわたって発展段階がまるでちがってくるのは、確かである。

初年度は免疫のため棄てる

とくに体力の面は、父の姿勢が大きく影響する。通園に慣れてからは、よく日曜日など、父・母・娘が散歩がてら、近所の小学校に行き、ジャングルジム、鉄棒などで遊んだ。たいせつなことは、父が一切、手かげんをしないことである。目標を示す基準でありたい。

時には父は、下駄をはいたハンディキャップをつけて、グランドで徒競走をした。二百メートル一周のコースである。走るフォームから、手の振り方、ひざを高くあげること、前傾姿勢であごを引き、ストライドを大きくすることまで、そのつど二・三時間ずつ、たびたび復習させては実行している。

甘いものを食べさせない習慣はきびしかった。とくにジュースの類がよくない。夏の暑い日にジュースを一切飲ませない。麦茶でよい。親がまず肥満しないことだろう。

次女が誕生してからのこと

次女の誕生によって、長女にべったりつくことが母にできなくなった。この時までに、自分で計画的に、自主的に、何でもできるようにしこんでおかなければならない。幼稚園に行き始めると、ほぼその線に沿った形で、子供の毎日にリズムができる。その程度に間隔をあけて、子供を育てるのがよいという判断は、今に変わらない。指示は出すが、手がかからないように生活のリズムを習慣づけておくということだろう。

次女の場合も、ほぼ長女の方法を受けつぐ形で育てた。長女が幼稚園に行っている間は、べったり母が次女についておれる。幼稚園から長女が帰ると、母があれこれたくさん、長女にものを頼むのがよい。方法は教える。家事全般について、長女は自分でできることをすべてやれるようにすることである。手伝うのではない。自分でするのである。

次女について言っておけば、赤ん坊の時から長女とはちがっていた点が多い。親として戒めておかねばならない点は、慣れによる手ぬきをしないことである。それはわかっている。そしてやはり、無意識的に手ぬきをしているのかもしれない。

絵本の読み聞かせ、童謡の歌い聞かせなどにも、母が長女を使う。そのぶんだけ、次女の方が母べったりでなく、独立する意識が早くからできるのかもしれない。

たとえば長女にせがまれて、水槽にオタマジャクシを飼う。二歳の次女がオタマジャクシを手にすくって、にぎりつぶすのである。長女がかわいそうだと泣いても、次女の方は無心に笑っている。姉の体験に即して、早くからものを見る対象が外界に拡がる。

インコを買って来て、鳥かごの中でたくさん育てたことがある。長女がえさの世話をする。情が移って、ピイちゃんなど名前をつけてかわいがる。次女は鳥かごのひとつがひっくりかえされて、猫やヘビにインコが襲われるのを目ざとく見つける。情よりも先に、知識として目に入ってくる。次女が理科系に進んだ根底は、こんなところから生じているのかも知れない。

父が長女を理詰めで説得している。次女は母のひざの上で聞いている。内容がわかるわけではあるまい。しかしやり口が理詰めであることは、次女に伝わっている。

次女としての幸福と不幸と

長女と次女との性格のちがいは、どこから生じるか。長女が体験の幅を広げて行く時、見よう見まねで同じことをまねする。これは次女としての幸福であると思う。それだけに、さして自分からする意味がわかっての上でのことにはならない。次女としての不幸であろう。することに対する理解は、次女の方がはるかに速い。そこになぜそうしなければならないかという思いが、こもらない。

親のしむけ方にその原因はある。姉の方がきちんと何でもできているから、妹にもそれができるのが当然だという態度で当たる。見よう見まねの下地があるから、要領だけはつかんで、さらりとやってのける。なぜそうしないといけないのかという理屈での納得は、次女にはできていないことになりやすい。

「要するに、ちゃんとできればいいのだろう」という態度が、次女の場合には早く身につくことになった。はじめは「お姉ちゃん、私にこうして」という依頼心が生じやすい。それを親が、

「自分でしなさい」としむける。見よう見まねで、できる。やることに、さして心がこもっていないから、がさつなことになる。その代り、早くて、要領よく、何ごとにつけても合理的になってくる。

父が小学校のグランドで、長女に走るフォームを教えている。次女は、よちよちと走るまねをする。次女に理づめで説明しても、わからないから、次女は勝手にやっている。幼いぶんだけ、次女に目標が甘くなる。同じ年令になった頃には、次女の方が要領よくできるようにはなっているが、そのぶん、心情的なこまやかさがない。

のちに、ピアノを弾いても、水泳をやらせても、そうであった。

4　ピアノの日課

三十万円のおもちゃ

ピアノは、長女が三歳の誕生祝いに買った。母はピアノの弾ける人ではなかった。娘だけのために、三十万円のおもちゃを買ったわけである。前にオルガンで歌い聞かせていた続きを、ピアノで歌い聞かせ、歌わせて、母は娘とそのおもちゃで遊んで一年が過ぎた。

耳の訓練は、早くからした方がよいと言われている。通園に慣れた保育二年目の七月、四歳と一ケ月からといえば、少し遅めと言えるだろうか。娘が自分で弾きたいというので、我流でさせず、はじめからピアノの先生につけて、聴音から始めた。エリザベト音楽大学ピアノ科の卒業の既婚の女性である。機械的な指の練習では興味が続くまいというので、『メトードローズ』をテキストとした。

次女の誕生後の練習日程

次女はその年の六月下旬に生まれた。前に長女を懐妊中に、母の子宮筋腫を手術した例の名医が、開業したので、そこで母は次女を産んだ。次女も二四五〇グラムすれすれの小さい赤ん坊だった。次女をつれて自宅へ帰ったころから長女のピアノ・レッスンが始まったのである。

練習時間は毎日、朝と夕方とである。父が午前七時には勤務に出かける。片づけだけして、母の身が空く朝七時半から、幼稚園のスクールバスが迎えにくる寸前の九時まで、一時間半。幼稚園から帰って、おやつが終わった午後三時半から六時まで、二時間半。一日、四時間、正味である。よくこの年令で、それだけ集中して続くものだ、と思われるかも知れないが、それが以前からの習慣になっていたことは、前に述べた。

長女が幼稚園に行っている間に、母は家事一切をすませ、次女の世話につき切りである。次女に対しても、長女の時と同じように、べったりついて、語りかけを続けることは、変わらない。長女が幼稚園から帰れば、次女をベビイサークルに寝かせて、長女につき切りである。一日四時間の練習時間が習慣になるまで、次女が授乳期を過ぎるまで、母の多忙さは言語に絶するほどであった。

週一回のレッスンに母は立ち合い、注意事項をメモしておく。長女の毎日の練習時間に、その注意事項をくりかえし、長女に「完全さ」をしつけた。この「きちんと完全にできるまで、くりかえして」を徹底することが、たいせつだと思う。自分の興味の持てる分野でその心理的習慣をつけておくと、他の生活習慣のしつけにも、すべて影響する。途中で投げない。興味がそれてしまわない、要するに持続力と集中力とを養うことになる。

せっかく見つけたピアノの先生が、お産のために来られなくなった。当分はお産をしない人ということで、父が教え子のエリザベト音楽大学の学生を連れて来た。この教え子が、後に長女が小学校五年まで、六年間、二人のピアノ・レッスンを見ることになる。

父はこの教え子にむかって、「だいたい弾けるようになったからと言って、不完全なままで次へ進んではいけない。進度は思い切り遅い方がよい。娘が次へ進みたがっても、今までの曲のおさらえをくりかえしてほしい。」と厳命した。教え子だから言えたせりふかも知れないが、このピアノの先生もたいそう苦労したに違いない。

一般に、次へ次へと進みたがるのを認めてやることで、意欲を引きずって行こうとすることが多い。レベルが上がるにつれて、めちゃめちゃになることは、目に見えている。「基本に忠実に、完全な確実さ」を、その子の個性に応じて身につけさせようとした。これは、口で言うのはたやすい。実行がむつかしい。

この点は、長女と次女との場合をくらべてみると、よくわかる。先生についてピアノを習い始めた年齢は、次女の方が当然早まる。早く弾きたがるからである。理解も、伸びも始めのうちは次女の方が早い。「門前の小僧、習わぬ経を読む」からである。次女が弾き始めた頃は、長女はすでに小学校にあがっていて、練習時間もさほど重ならないから、次女もたっぷり時間をとって練習した。

次女のピアノ進度が早過ぎ

それでいて、タッチのこまかいニュアンスが、どうしても長女ほどにキメがこまかくならないのである。ピアノの先生の方も、親も、幼いからというので、どうしても目標が（低いのではなくて）甘くなってしまう。分けへだてをした意識は全くないが、それとなくしむけ方が違っていたようである。

むろん、両親ともに音楽には素人であるから、そのあたりがよくわからない。次女にしても、小学校に上がってから、先生を驚かせたほどには上達していた。それでいて、次女の場合、自分にも、親にも、この子は音楽を専門にはしない、ということが、小学校下学年のうちにわかってしまう程度の違いが出た。

何とか音楽教室へ子供を行かせる親が多い。それなりに、将来いろいろ役立つことは多い。だから非常に有意義であることは、充分に認める。多くの子供を集めて、みんなで楽しくレッスンすることの良さも、社会性をつける意味でも、たいそう良いだろう。しかし、ほんの一パーセントの音楽専攻者を出す結果になることに、父は今でも首をかしげている。

持久力・集中力を養う方法

さきにも述べるように、何でもよいが、ピアノならピアノを練習することを通じて、持続力・集中力を養うのが、本来のねらいであった。ピアノのレッスンを通じて持続力・集中力を養うために、実行したことを二つ挙げる。いずれも平凡なことである。実際に続けることがむつかしい。また、ピアノ以外のいろいろな分野にも工夫して応用して行くことができる点、もちろんである。

ピアノの課題がだんだん進んでくると、前にマスターした曲が「完全」には弾けなくなる。幼児の場合は、たいていそうなる。とくに進度を早くすることで、子供の意欲を引きずってきたやり方だと、前にマスターしたやさしい曲をばかにする心理が生じる。それを防ぐには、暗譜でいつでもこの上なく確実に弾ける曲を、少しずつふやして行くのがよい。

母が次女に歌い聞かせ、読み聞かせをする間は、長女はピアノの練習につくことができない。どうしても長女のピアノの練習は、ひとりでできるようにしむけなければならない。長女の場合は、幼稚園の最終学年になる頃までに、自発的にピアノの前にすわる習慣が確立した。そのために採用した方法である。

幼稚園を卒園するまでに、テキストは『バイエル』が終わって、『ブルグミュラー25練習曲』に変わった。練習時間の長い割には、進度が遅いことがわかっていただけよう。その段階で『メトードローズ』の好きな曲が何曲か、『バイエル』後半の好きな曲が十数曲か残った。毎日、朝と夕方と、それをずっとくりかえして、はじめから順に「完全に」弾いてくる。一時間くらいはそれですぐ経ってしまう。

やさしいから苦にならず、しかもひとりでできる。あまり幼稚になった曲は捨ててもよい。常に十曲くらいは、暗譜で完全に確実に弾ける曲を残すようにした。ほんの時々、母が次女を抱いてきて、「完全な演奏を妹に聞かせてやって」と言っては、点検すればよいのである。

父が『バイエル』後半と『ブルグミュラー』とのレコードを買ってきた。もちろん、新しく買う曲は、暗譜するまで絶対に聞かせない。充分弾けるようになって、先生からＯＫが出た段階で、その曲を聞かせて、こまかいタッチやニュアンスの違いを、自分の欠点として見つけるようにしむけた。「先生の指示通りせよ」と指示した。

長女が何曲かを自分で選んで、録音したいと言い出した。父がピアノのそばで娘の演奏を録音した。ちょっとでも娘自身の判断で気に入らない所があると、テープを消して、録音のやりなおしである。娘が泣きそうになってがんばった。励ましながら、父も根気強く録音をやりなおす。「もう一ぺんやりなおすか?」と父がたずねる。「やりなおす」と娘が答える。そのため日曜日の昼食がひどく遅くなったこともあった。

5　遊びの中で自己をきたえる

本はシリーズで全巻一度に

　童話の読み聞かせは、長女が幼稚園に通う間も、ずっと続けた。母が次女を日光浴させながら、あるいは晩に睡眠時間がくるまでに、創作童話集『おはなしだいすき』や『にほんむかしばなし』を読んで聞かせた。文字が読めるかどうかには、一切こだわらなかった。知識を詰めこむのが目的ではない。インコのピイちゃんを手乗りに育てたのと同じく、ねらいはもっぱら情感の育成である。

　加えて、持続力・集中力・創造力をつけるためである。くりかえし聞いているうちに、文字は読めなくても、話の内容は完全に憶えてしまう。これだけ毎日のように、同じお話を聞かされると、憶えない方がおかしい。さし絵でわかるのか、そのページのお話をきちんとしゃべった。間違ったり、抜けたりしたら、そのつど母が補って読み上げ、お話のやりなおしをさせた。はじめは人形の「う子ちゃん」や幼稚園のお友達に、次女がかたことを理解するようになれば次女に、話してあげるのに、聞く方がわからなくなると言うのである。

　子供に本を読んでやっている親の姿を見る機会は多い。見ていると、二度目、三度目になると親の方があきて、面倒くさそうな読み方をする。親からすれば、面倒くさいことはよくわかる。しかし、それでは持続・集中を面倒くさがる子供を親が製造しているのである。面倒くさがってはいけない、と思う。持続力・集中力を育てる目標を、親が面倒くさそうに読むことによって、自らくずしてしまっているのである。

本の選び方というのは、実はむつかしい。子供がほしいというものを「そのつど」買い与えるという方法は、子供の自主性を育てているように判断されやすいが、実は「子供のほしいまま」を親が放任しているに等しい。親が選んで与えなければならず、しかも子供の興味・関心をその方に親が主体的に向けるのが望ましい。そんな判断は、自分にはできない、という親が必ずいるものである。すばらしい判断の基準を示す。

シリーズものを全巻そろって一ぺんに購入するのである。

出版社の名を伏せて、例を示す。「カラー版・世界の幼年文学・全24巻」「カラー版・創作絵ばなし・全22巻」「創作童話傑作集全20巻」など。全巻そろいで買うと、いくぶんの出費にはなるが、次から次へと継続・持続する理由が子供に説明できる。

とくにたいせつな点は、それぞれの話を「比較」できることである。この「比較」という観点のたいせつさは、いくら強調してもしすぎることはない。子供の主体的な「選択眼」を無意識のうちに育てるのに、最も有効である。

後に、小学校低学年になってから読ませたものに触れる機会がないので、この際、言っておくと、「子ども科学図書館シリーズ・全20巻」「母と子の名作童話・30巻」「児童名作シリーズ・全40巻」「幼年世界文学全集・全24巻」「少年少女世界の名作・全30巻」「理科学習漫画・全12巻」

「学習漫画日本の歴史・全18巻」

平凡なことを徹底して行う、ということの意味がわかっていただけるだろうか。これはたいへんなことのようであって、毎日継続すれば、驚くに当たらない分量である。そのうち、同じ話がダブってくる。たとえば「小公女」ならそれでもよい。同じ話だから、ダブって与えるのはムダだと考えるのは、大まちがい。必ず内容が異なる。「くらべ読み」がたいせつになるのは、ここからである。

同じ「小公女」でも、内容はかなり違う。ただ、片方が通りいっぺんで、片方がくわしい、という違いだけではない。自分で読めるようになれば、どこがどう違うか、どちらの方がなぜおもしろいかが、言えるようになる。親自身が、その違いに興味を持つことが、いちばんたいせつである。面倒くさがると、必ず子供の態度に反映する。

前に「かぐや姫」の物語など、年令に応じて三十冊くらいあると述べた。少しくらい幼稚な内容でも、くらべるということになれば、退屈するわけがない。そのうちから、まともなものを選んで、それがなぜすぐれているか、判断させることが「選択眼」の養成になる。長女にその判断をさせて、幼い次女に読んでやらせる。次女も、母ばかりが読むのでなくて、姉ちゃんが読んでくれるというので、集中して聞いている。根柢のところで、大所高所からの判断をしている、という意味で、父の存在は大きい。母の興味を継続させる根柢に、父の判断がある。時間がかかるわけではないから、こうしてみよう、ああせよ、と一言するだけでよい。父も面倒くさがらない。

長女が五歳の冬に、父がアイス・スケートにつれて行った。父は学生時代にかなり専門的にフィギュアを練習した時期がある。基本的な正しい姿勢から決めて、危険な転倒しない指導法を導入した。

アイス・スケートを始める

素人が我流で始めると、全く進歩しない点については、すべての分野に通じる。スケートの場合はとくに、我流で勝手なことをするとたちまち転倒する。たたいたり、怒ったりしなくても、氷の方でバチを当ててくれるのである。

はじめは、氷を恐れず、立って歩くこと、要するに滑らない練習である。徹底して完全なフォームをつき切りで指導した。一切手すりを持たさず、手もつながず、フォームを示して、口で説明する。片足のフォアードでセミ・サークル〈半円〉を描いて滑れるまでに、十時間ほどで到達した。何回つれて行っても、そのつど、おさらえのくり返しで、完全さを目ざす点は、ピアノの場合と同じである。

次女の場合も五歳からスケートにつれて行った。長女がジャンプ・スピンを練習中で、その方にいくぶん手を取られるので、次女につき切りになれない。見よう見まねで進度が早いぶんだけ、指導が徹底しなかった。ちみつさに欠けるのである。姉のスケーティングを見て、次から次へと進むことをせがむため、つい甘くなる。

しまいに、「できるから、自分で自由にやる」と言った。それで、きめのこまかい指導ができなくなり、結果、次女はあまり上達しなかった。親の指導の失敗で、また次女としての不幸でもある。持続力・集中力に加えて、向上心・自主性は早くから身につくが、「完全」の徹底ができなくなる。他の分野でも同じことが起こって、後で修正に時間がかかってしまうことがしばしばあった。

バレエのレッスンに行く

その他、習いものとしては、バレエのレッスンを長女の場合は幼稚園の卒園寸前から始めた。開始時期としては遅い。幼稚園の友だちから、発表会のチケットをもらって見に行き、自分もぜひ習いたいと長女が言いだした。先生が父の知人だったことも、入団を誘われるきっかけになった。

母がレッスン場へ週一回送り迎えするのである。二年ほどして、発表会にも二度ほど出た。母が次女をレッスンの間、抱いている。次女は自分もやりたくてたまらず、勝手に走り出て、まねをする。正式に習い始める前から、見よう見まねでかっこうだけはやってみせる。なぜそうしなければならないのか、理屈は踏まえないままである。次女も幼稚園に入園した当初から、正式にバレエを習い始めた。時期としては早過ぎる。

バレエの場合は、年齢がまちまちの三十名程度の合同レッスンだから、発表会前にならなければ、個人的な演技の指導は行きとどかない。親も先生も口出しできないから、完全さを徹底することができなかった。次女は自分では、できていると思っているようだが、親の目から見ると、先生にかなり迷惑をかけたように思う。

平凡なことだけしかしていないと言っても、けっこうあれこれ習わせている
じゃないか、と言われるかも知れない。事実、そうではある。ただ、学校のいわゆる「勉強」に直接つながるようなことは、何もしていない。この点は、どれだけ強調しても、しすぎることはあるまい。そして、習わせるねらいを「技能」そのものに置いていない。技能を通して、体力と精神力との養成をねらうためである。

また、女の場合はピアノ・スケート・バレエだが、男の子の場合には当てはまらない、と言う考え方にも賛成しない。体力・精神力を養うのがねらいであれば、分野は何でもよい。子供の志向を生かしたらよい。ただ、注意しておきたいことは、どれもが「勝手にやれ」という放任ではない点である。基本に忠実に、専門家に最初からつけている。

また、さして金をかけていないと言うが、けっこう費用もかかっている、と言われるかも知れない。そう言われたら、そうかも知れない。だが、親が娯楽に金をかけていない。生活はつましいものである。子育てそのものが一種の知的な楽しみでもあった。

教育に手間と金とをかけるなら、年令相応の対象に向かって、時間を失わず、投資をしぶらない方がよい。豪華なおもちゃや、お店で買って食べるおやつに費す金額より、教育に投資する方が、将来のことを考えると、よほど安上がりにつく。金のかからないおもちゃは、自分で工夫して作らせるのがよい。

タイル遊びで思考力を養う

タイル遊びは、後に算数などで必要な思考力をつけるのに有効であった。風呂場などに使う建

材のタイルを横に十個並べる。数字や足し算・引き算などを教える必要は全くない。たとえば青のタイルの中に、三つ目ごとに赤のタイルを置くとして、十段ほど並べると、九九など教えなくても、斜めに赤のタイルを置く位置の予測が立つ。

親がまず、飽きることなく、熱心にやってみせるのがコツである。うちの息子はすぐ飽きる、というその親が、まず飽きているのだろう。次は四つ目ごとに黄のタイルを置く。次は七つ目ごとに白のタイル……。計算力などドリルでできる面は、学校教育に任せればよい。思考力・創造力をつける習慣的な面を、日常の自然で身につけさせるのである。

ドキュメント　三　幼時のエピソード

1　万国共通語の猫語

東京オリンピックの交歓　東京オリンピックに、父・母・長女の家族で行った。新大阪からは開業十日目の新幹線に乗った。宿は、母の姉夫婦の宅である。メイン・スタジアムの陸上競技場にいて、競技以外で目についたのは、外国人の老夫婦がピロッティーのベンチに並んで腰かけ、ジャムパンを静かにかじり、コカコーラを飲んでいた姿である。団体で食堂に押しかけ、豪華なランチを食べ、ビールを飲んでさわいでいるのは、日本人ばかりである。母が手弁当を持って、三日通った。日常とさして変わらない、つましさに徹した。長女は一歳4ヶ月で、パアとかブーと言うだけである。

外国の若い選手のひとりが、長女にむかって何かわからない呼びかけをした。長女は何を思ったか、ニャオ、ニャオと猫の鳴き声をまねて、その選手の方によちよち歩いて近づいた。たちまちまわりに、十数人かの外国選手たちが寄って来て、口々にニャオ、ニャーンと猫の鳴き声をまねて長女を呼んだ。長女はニャオ、ニャーンと言いながらかけまわり、次々に外国選手の手から手へと抱き上げられ、リレーのようにあちこちに運ばれた。

親はただ、長女の姿を見失わないように、目で追っていくばかりである。しばらく外国選手たちに抱き運ばれた後、はっと気づいてみると、長女の目から両親のすがたがみえなくなっていた。そのとたん、ワーンと大声で長女が泣きだした。父と母とがかけつけて、長女を抱き取りながら、思いつくだけのいろいろな国の言葉で「ありがとう」を連発したが、他のことは何を言っても通じない。

どこかの国の新聞記者らしい男をつかまえて、「君たちは日本へきているのだから、私は日本語だけを話す。」と言い、その旨を通訳してもらって、外国選手たちに「親ばか」と言う日本語の意味を教えた。

写真を撮る順番

次女が生まれたのは、長女が四歳になったばかりの時である。前に長女が子宮の中にいる時、筋腫の手術をした医師が、自営の病院を開業して、そこで次女は生まれた。生後すぐ、次女の写真を父が撮ろうとすると、長女が「わたしの写真を先に撮ってくれなきゃ、いや」と言ってきかなかった。「わたしが姉さんなんだから」と主張した。先刻、医師の前で「助けてくださってありがとう」と言った時とは、目つきからちがっていた。子供の感受性の鋭さを思い知らされる話である。

美術展での質問

父の知人に広島大学の美術の講師をしている画家がいる。その人の所属する美術団体の展覧会があって、家族が見に行った。その画家は当時、浜辺の家々の屋根と壁とを近景に、海と曇天の空とを遠景に配して、海をほとんど黒に塗る画風を示していた。「これが先生の絵よ」と教えられて、長女はその絵の前の二十分くらい立ちつくしてしまった。小学校へあがる少し前のころである。

次女を抱いた母と、父とがその画家と立ち話をしていると、ちょこちょこと歩いてきた長女がその画家を見上げて行った。「先生のおかきになる絵は、どうして海が黒いの？」

その画家は、父と目を見合わせて絶句した。しばらく経って、長女にほほえんで頭をなでながら、「さあ、どう言ったらいいかな。弱ったな。」と言った。父が絵本のなかのある話に、心が欲望でいっぱいになると、海が荒れて黒くなるのがあったことを、その画家に話した。その絵本からの連想だろう、と言った。

「この海辺の村、暮らしが苦しいのね。そうでしょう。」と長女が言った。今度こそ、大人三人を黙らせてしまった。

2　小学校入学のころ

名門幼稚園だとわかる

長女が幼稚園の最終学年半ばになった頃、広島大学附属小学校へ受験するかどうか、問い合わせがあった。それで親はやっと、その幼稚園がいわゆる名門幼稚園であることを知った。鈍感さを絵でかいたような話である。聞いてみると、かなりの人数が受験するという。まきこまれる形で、長女も広大附属へ行きたいと言いだした。止める力は親にはない。全くはじめから企画していなかったベルト・コンベアーにいつの間にか乗せられていたのである。

広島大学附属校は、市内に二校ある。皆実町のが中学・高校まで併設されていて、東雲町の方は中学までの併設である。どちらも合格者を定員の二倍発表し、小・中学校まではクジビキで入学者を決める。高校の場合だけ、定員いっぱいを合格者として、クジがない。志願者の多くは、両方を受験する。

長女は両方に合格し、皆実小の方はクジにはずれ、東雲小の方にはクジに当たって入学した。次女の場合は、どちらにもクジで落ちた。いずれは高校へ、クジがないから入学することにはなるのだが、次女の方が精神的にもたくましく育ったことを思えば、どっちがよかったかはわからない。ただ、ずいぶん違ってくるのは確かである。次女が東雲の附属中にクジに当たって入ったころまでには、気質が全く異なった様相を呈していた。

クジビキ前後の長女の対話

仲の良かった同じ幼稚園の友だちがクジに当たり、長女は当たらなかった。その直後、両方の親が話している前で、長女がその友だちに言った。「おめでとう。高校になったら私も行くね。」そしてなぐさめてくれるその母親にむかっては、「ありがとうございます。東雲小の方はクジで入るわ。」と言った。

東雲小の入学手続がすんで帰ろうとする時、長女が言った。「幼稚園の園長さんの所に寄ってお礼を言う。心配してくださっているから。」そうしようということになり、「他に何処かに寄るか」とたずねると、「早く帰る。おじいちゃんとおばあちゃんにもお礼を言う。いつもお風呂を沸かしたりして、助けてくださったから。」と長女は言った。

父の勤務校をたずねて

バレエのレッスンに出迎えがいる。その日は父が勤務校から連れて行くことになり、父の勤務する高校をはじめて長女が訪れた。ランドセルを背負って、事務室にちょこんと入り、受付の事務員の人に長女が言った。「私は、ここにお世話になっている――の娘で――と言います。父はどちらにおりますでしょうか。」

事務室での語り草になったあいさつだが、教えこんだわけではなかった。自宅にかかってくる電話の取りつぎをさせなさい、と幼稚園で指導があったのである。ベルが鳴ると幼い声で言う。「こちら――です。どなた様でしょうか。……今、父が外出しておりますので母と代ります。」世知を理解しているのではない。習慣というものが大きいという話である。

第五章　学力とは何か

――学力のメドは小学三年生でつく

1　学力とは何か

知識・技能の習慣以前に

学力とは何か、と正面きって問われると、ひと口でわかりやすく定義はしにくい。学説もまちまちだし、ここで素人が定義をしてもはじまらない。一般には、すでにある情報・知識・技能を習得する能力というふうに考えられているが、それだけのことならロボットにでもコンピューターにでも吹きこむことができる。その前の段階、あるいはその習得過程にたいせつなことが多い。

ただに情報・知識・技能を習得するにとどまらず、それらをその場に即して処理する——多くの知識や情報の中から今必要なものを選び出したり、まとめたり、作り出したりすることができる能力、というふうに考えられる。つまり、論理的に考え、積極的に働きかけ、創造力があってしかも対資料・対人関係などを含め調整して行くことができる能力を含めて、学力の内容と考えるのである。

学習する力そのものを含む

とくに最近、よく言われているのは、ただの学習内容だけでなく、学習する力そのものをも、学力の中に含める考え方である。指導者が教える内容を、自分で学習する能力にまで拡げる考え方であり、さらに言えば自分で学習を推進していく能力をも、学力の中に位置づけるのである。

自分で学習を推進して行く能力としては、次のような観点が挙げられよう。

1　自分で学習目標〈達成のねらい〉を持つことができる。――つまり、指導者から「ここまでできたら良い」と言われなくても、自分で達成度の水準を決めることができる。だから自分のねらいをどこに置くか、かりに指導者のねらいよりも低い水準であってもよいから、叱られて意欲を殺ぐようなことにならないように、自分で目標を決めるのである。

2　自分で学習計画を立てることができる。――指導者にああしろ、こうしろ、と言われなくても、目標を達成するための過程があらかじめ見えるということである。

3　自分で学習方法を決めることができる。――目標を達成するためには、何をしなければならないか、がわかるということである。結果や結論が正しく出れば、安心するお母さんや指導者が多すぎる。指導者が方法を教えて、子供にできさせて喜んでいるなどというのが、最低の指導法であり、逆に害になるということを銘記すべきである。

4　自分で学習材料を選ぶことができる。――絵本ひとつにせよ、最初は選んで与えなければなるまいが、多くの中から「比較」することによって自分で選ぶ基準を持つということである。

5　自分で学習活動をすることができる。――せよと言われてするのではない。放っておいても自分で続けるということであり、今までに述べた1～4の項ができていれば、必ずできるはずのことである。

6　自分で学習資料を使うことができる。――うまくいかなくなった〈つまずきを起こした〉時などに、何がわからないからできなくなったかを見ぬき、不足のものを補充してくる能力のことである。

7　自分で学習の評価をすることができる。——はじめの目標が達成されたかどうかを、親や指導者に指摘されなくても、自分で判断する能力のことである。できたら褒めてやる、というのが指導者の役割のようであるが、それでは「ほめられること」自体が目標になってしまう。そうではなくて、どこまでできたか、今後に残る課題は何か、を自分で見きわめることができるということである。この「自己評価」のたいせつさは、どれだけ強調しても、しすぎることはないと思う。

さしてむつかしいことを言っているわけではない。理屈で言えばむつかしそうに聞こえるが、ほとんどの場合、無意識的にその過程・経過をたどって、学力というものはついている。ただ、無意識的である場合、どこかでつまずきを起こすとうまくいかない。指導者としては、それをチェックできればよい。学習内容を説明して、ワカッタカ、と言うほど、ひどい害になることはない。それだけを強調しておきたい。

学力形成の根底にあるもの

したがって学力を形成するための根底には、まず学ぼう〈受け容れ、作り出そう〉とする意欲がなければならない。外から働きかけられた事柄〈情報・刺激〉に対する好奇心・疑問を持つこと、つまり興味や関心を示すことが、その出発点になる。また、そのようにして得られた情報や知識を、その場に即して選び出したり、関連づけてまとめたりするためには、想像力が必要である。今、目の前にある事態とよく似た状況は、今目の前にない以前の体験にあったということ、その共通点と相違点とを比較する能力の基本になるからである。

これらはすべて、能力以前の問題である。幼児は「何？」「なぜ？」と質問を発することが多い。これは好奇心・疑問・興味・関心を持ったことの表明であり、何らかの連想を働かせた証明である。この時に、より鋭い形に磨こうとする意図を持って、時と場合とに即した適格な刺激を持続する形で与えなければならない。

親にとっては、わかりきった常識であって、好奇心も興味もわかないことである。その時、〇〇だよ、と教えたら、子供はわかったような顔をするが、実はわかってはいない。そこから何を引き出してくるかが問題である。親の興味を引かないからといって、刺激が与えられなかった、つまり放置した場合は、子供の疑問はナマ煮えのまま内部に眠りこんで、外部に現われて来ない心理的習慣がついてしまう。

親の興味を引かないことでも、子供は興味を持ったのである。親自身の興味でなく、子供の興味を引き出すこと自体に親は興味を持つべきなのである。子供の体験は多く親が知っている。絵本で読んだことも含め、子供のそれまでの体験を総動員して、新しい状況に対する認識を、子供の発達段階に応じて、自ら形成するようにしむけるべき好機である。

一言テレビを非難しておけば、テレビの刺激に対し、子供は興味を持つが、その内容はたやすく説明されて、自分で質問し、自分で追及する形がとれない。また、考え据えるいとまもなく、次々に刺激が与えられて、消化不良を起こす。表面的な知識にとどまって思考力を養うことにつながらない。また親の場合も、意欲や創造力を殺ぐような形で、つまり、やめなさい、つまらない、何をばかなことを言ってるの、などという形で刺激を与えられると、同じ経過をたどることになる。

的確な刺激・情報を集中的・持続的に与える時、その刺激・情報を集中的・持続的に受け容れる態度が、その次には要請される。学習の態度といっても、ただにお行儀がよいとか、素直にだまって聞くとか、いうことに止まらない。積極的、能動的に自ら働きかけて行く態度は、多く後天的に作られた性格となって、形成されて来ることが多い。

前に、性格の形成は三歳までになされることが多いと述べた。集中力・持続力の形成がその急所であることも言った。学力らしい学力を形成するための基本的な態度は、およそ六歳くらいまでに身につくことが多いのである。自分で質問を作り、自分で解決しようとする態度は、幼稚園での生活を見ていても、段階として区分できるのである。

単なる知識技能を教えるな

学力を体系的に——つまり特定のまとまりとバランスとを持った形で習得させること〈教育らしい教育〉が始まるのは、知的な面で言えば、小学校入学以後である。その時になって、急に学習意欲や態度をつけようというのは、非常に困難である。あきっぽい性格を持たされてしまった子供に、持続力をつけるのはむつかしく、興味や関心が別の方に向いている子供に、学習意欲の持続力を持たせるのは、至難である。しかし、まだ学習内容そのものについては、充分に興味・関心を持つことができる段階にいるのが普通である。学習の過程で学習意欲を殺がれていることはない。

小学校に入ってから学習するような内容を、それ以前に無理やり詰めこむことは、非常によくない。たとえば、文字が読めたり、数字で計算ができたり、数が百まで数えられたりすることができるのは、単純な、死んだ知識にすぎない。そんなことができるからといって親ばかは喜ぶけれど、教えこんでできるようになったのでは、逆に害の方が大きい。小学校に行き始めてから充分身につけることができる内容については、自然のうちにできるようになったのならしかたがないとして、親が教えない方がよい。

親が小学校入学までにしつけておくことは、意欲・興味のもち方と想像力の養成、集中力と持続力とを積極的に身につけているかどうかにつきる。知識・技能ばかりが学力の内容ではないことを、銘記していなければならない。

2　学力形成の構造

トーナメント戦の組合せ

学力はどのようにして形成されて行くのだろうか。ことさらに学校で学習するような内容を避け、またことさらに専門の国語科の内容を避け、日常生活の中で用いられる数学的思考方法の過程で、学力の形成される過程について、具体例を挙げて考えてみよう。いちばんたいせつなことは、答がわかっている親が、子供にその答を教えないことである。教えてしまえば、学力を思考によって形成していく過程そのものの芽をつんでしまう。

小学校低学年の野球ファンは多い。プロ野球のセ・リーグで、今年はどこが優勝するか、広島カープだ、巨人だ、阪神だ、こんな話題はごく日常的なものである。六チームあるということだけが必要な知識である。

公平な方法で、最も試合数を少なくして、優勝チームを決めるとすれば、何試合の対戦が必要か。高校野球の場合でも同じだが、出場チームがすべての相手と試合をしていなくても、優勝チームが決まっていることを、ヒントに出してもよい。

いわゆるトーナメント戦の場合を考えればよいのであるが、トーナメント戦などという用語を知っていても何にもならない。また敗者復活戦や三位決定戦など順位決定戦を行わないことも、前提として確かめておく。高校野球の場合がよい例である。

どういう答え方をするのが理想的であるか。「優勝チームだけが負けていない。優勝チーム以外は一度負けたらもう試合をしないのだから、参加チーム数マイナス1が必要最低限の試合数である。六チームの参加なら、五試合である。」この解答以外の解答は――六チームなら五試合必要という正解答を出していても――どこかに欠陥がある。

たいせつな点は、二チームなら一試合、三チームなら二試合、四チームなら三試合、五チームなら四試合……百チームなら九十九試合、要するに、「チーム数をnとするなら、nマイナス1試合」という一般項が出ていることである。

またトーナメント図を作る時、次のような書き方ができるかどうか。一回戦が不戦勝のチームをどこに配るかという問題である。このうち、オとカとは、配り方に不公平が残る。10点満点で採点すると、オまたはカのどちらかひとつを書いた場合は3点、オとカと両方書いた場合は6点、ア〜エのうちのひとつを書いた場合5点、ア〜エのうち二つ書けば8点、三つ9点、四つすべて書けば満点。この六種類以外だと、トーナメント図そのものが書けていないことになる。

応用問題としては、チーム数をいくらでもふやして行くことができる。ちなみに、七チーム参加のトーナメント戦だと、トーナメント図は次の四種類である。

このうち、イとウとはいくぶん不自然である。イかウかどちらかひとつ書いた場合は3点、イとウと両方書いた場合は6点、アかエかどちらかひとつの場合は5点、アとエと両方書けた場合

図表－1
（6チームによるトーナメント戦）

（ア）

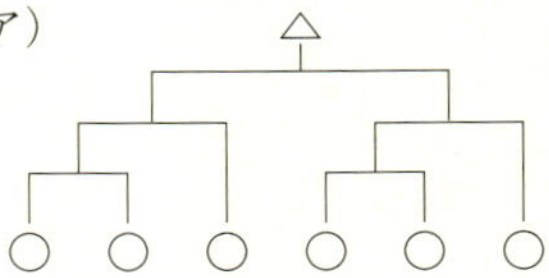

（イ）

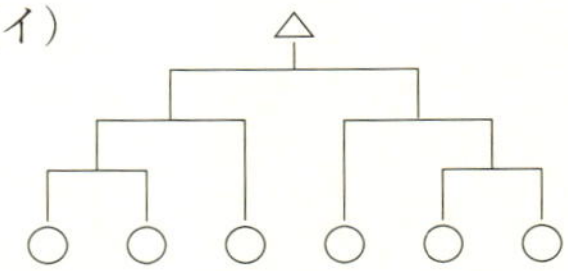

（ウ）

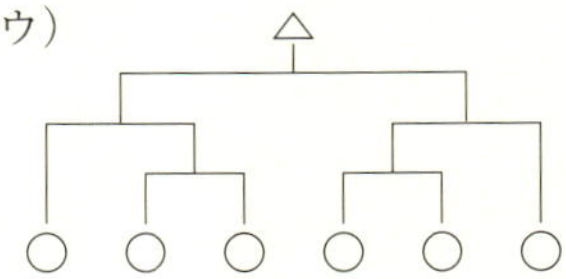

（エ）

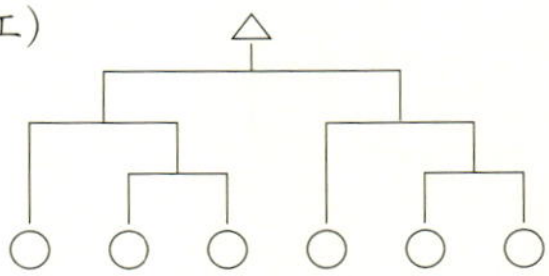

（オ）

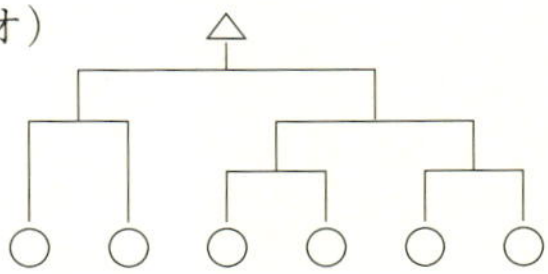

（カ）

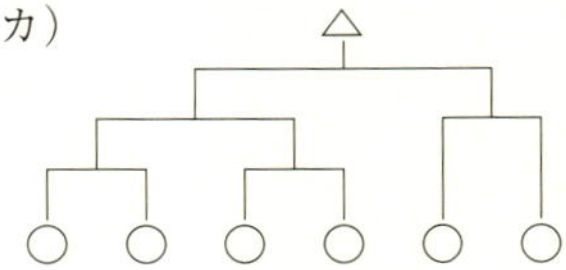

図表－2
（7チームによるトーナメント戦）

（ア）

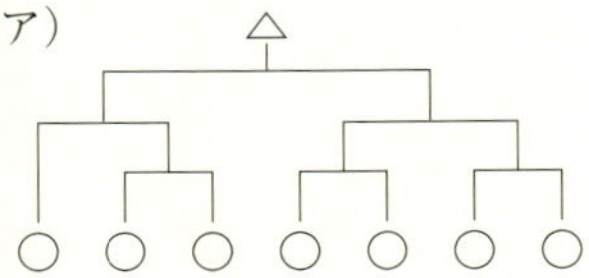

（イ）

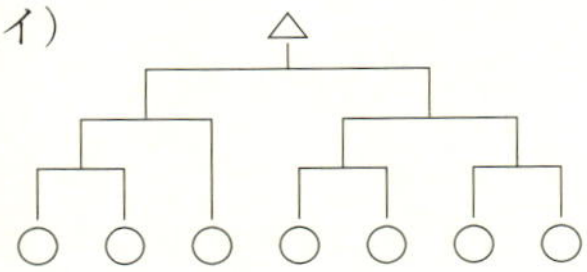

（ウ）

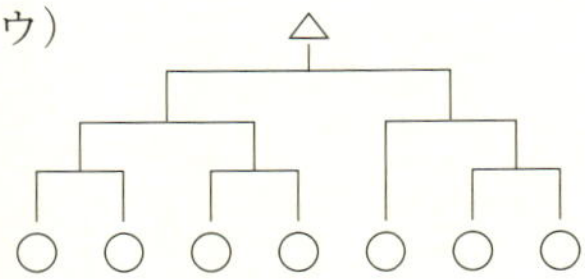

（エ）

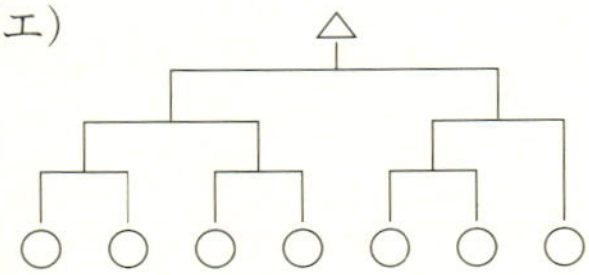

が8点、四つとも書いた場合が満点となろうか。

総当たりリーグ戦の試合数

トーナメント戦だとはじめに強いチームにぶつかって負けたチームが損する。クジビキに関係なく最も公平に優勝チームも順位も決める方法は？　総当たりリーグ戦という語句を知らなくてもよい。「参加チームがどの相手とも必ず一試合ずつ試合する方法は」と、現に行われているのだから、発想自体はたやすい。

図表ー３
（６チーム総当たり戦の試合数）

Ａ－Ｂ	Ａ－Ｃ	Ａ－Ｄ	Ａ－Ｅ	Ａ－Ｆ
	Ｂ－Ｃ	Ｂ－Ｄ	Ｂ－Ｅ	Ｂ－Ｆ
１		Ｃ－Ｄ	Ｃ－Ｅ	Ｃ－Ｆ
計１	２		Ｄ－Ｅ	Ｄ－Ｆ
	計３	３		Ｅ－Ｆ
		計６	４	
			計10	５
				計15

六チームで一回ずつの総当たりリーグ戦を行うときの試合数を知るには、「場合の数」の見落としや重複をせず、整理された方法で挙げることができるかどうかが、第一の問題である。図表3のような形に整理して挙げるのが理想である。

なぜかというと、図表ー4に示してあるように、六チームに限らず、何チームの参加であっても、「場合の数」が見落としや重複をせずに抽き出せるからである。二チームだと一試合、三チームだと三試合、四チームだと六試合、五チームだと十試合、六チームだと十五試合必要であることが、目に見える形でわかりやすいからである。

こんな整理した形にはじめから書けなくてもよい。はじめは見落としや重複をして間違うかも知れない。どういうふう

図表－4

（参加チーム数と試合数）

1チーム………試合ナシ（不要）
2チーム………1試合
3チーム………3試合
4チーム………6試合
5チーム………10試合
6チーム………15試合
⋮
nチーム………$\frac{n(n+1)}{2}$試合

に整理すればよいかを工夫するその過程がたいせつなのである。要は、親が教えないこと、子供が何時間かかっても飽きないことである。

タイルを使ってやるとよい。赤・青、白・黄・緑・茶と色分けした六種類のタイルを使う。赤―青、赤―白、青―白、……といった形で、図表―3の方法を発見させる。見落としや重複に早く気がつくには、どうするか。六チームだから対戦相手は五チームである。赤のタイルを五枚、青のタイルを五枚……とそれぞれ五枚ずつ手持ちにすることだろう。これに気づくかどうかが、またひとつのポイントである。あまれば見落とし、足りなくなれば重複があるに違いない、と気づくはずである。

パズルやクイズではない

こうした遊びはパズルやクイズに似ているが、全く違う。たしかに数学パズルの高次なものには、数学的研究の対象になるものが多いが、数学の体系につながらないものが多い。今述べているリーグ戦の問題などは、ごく狭い分野ではあるが、数学の学習体系を見すえている点が、とくに重要なのである。逆に言えば、かなり高次な数学の学習体系にもとづく数学的思考法を、無意識的にではあるが、幼い時分から身につけることになるのである。

総当たりリーグ戦の試合数を、チーム数がいくつになっても割り出すことができるだろうか。このあたりからが、数学的思考法を導くことになる。

一チームは、参加チーム数から自分のチームを引いた数だけ試合をする。六チームの参加であれば、Aチームは五試合、Bチームも五試合……である。つまり、nチームの参加であれば、nマイナス1試合ずつ試合数がふえる。このことは図表—3では、タテに見た場合、三番目のCチームが加わると二試合、四番目のDチームが加わると三試合、五番目のEチームが加わると四試合、六番目のFチームが加わると五試合、試合数がふえていることから、すぐに目につくはずである。

「各参加チームが、参加チーム数マイナス1ずつの試合をして、二チームずつの組ができるから、その半分が試合数」という思考ができればよい。つまり、「参加チーム数と、チーム数から1を引いた数とをかけて、その数を2で割る」というのが答えである。nチームの参加なら〈n〉かける（nマイナス1）わる（2）である。数式なんか書けなくてもよい。

もし数式が書けるようなら〈たとえば小学校の三・四年なら〉もうひとつ確かめておきたいことがある。「2で割るのだが、割り切れない場合は起こらないか。」という問が自分で作れることである。問われて答が論証できる程度でもよい。「チーム数が奇数でも偶数でも、どちらにしても分子が偶数になる（から2で割り切れる）。」この形で断定的に答を示すことができるのが、理想である。

図表−5

（一般式）

$$\begin{array}{cccccccccccc} & (1) & & (2) & & (3) & & (4) & & & & (n) \\ Sn = & 0 & + & 1 & + & 2 & + & 3 & + & \cdots\cdots\cdots & + & (n-1) \end{array}$$

計1　計3　計6……計 $\dfrac{n(n+1)}{2}$

（注）

$$\begin{array}{rcccccccccc} & Sn = & 0 & + & 1 & + & 2 & + \cdots\cdots + & (n-2) & + & (n-1) \\ +) & Sn = & (n-1) & + & (n-2) & + & (n-3) & + \cdots\cdots + & 1 & + & 0 \\ \hline & 2Sn = & (n-1) & + & (n-1) & + & (n-1) & + \cdots\cdots + & (n-1) & + & (n-1) \end{array}$$

n コ

$$2Sn = n(n-1)$$

$$\therefore Sn = \frac{n(n-1)}{2}$$

　ついでに優勝チームだけでなく、順位も決定するまで、答のケリをつけておくことも、たいせつである。A～Fまで六チームの十五試合について、○×で勝敗を任意に決めさせる。どういう方法で勝敗・順位を記録するとよいか。タイルなら、勝を上、敗を下に重ねればよい

　はじめは図表―6のアのような形になるだろう。それをイのような形に組みかえる。こんな整理は、コンピューターが結構早くやってくれるが、なぜそういう整理をしなければならないか、ということを知ることの方が、意味は大きい。なぜなら、さきの図表―3〈109ページ〉のような整序の形を今一度確認することになるからである。次からは、どう変化しても「場合の数」をきちんと整理した形で挙げることができるだろう。

　実はこの総当たり戦の試合数を出す一般式は、高校二年の数学で、図表―5〈112ページ〉のような計算として出てくる。このような計算は、もちろんできなくてもよい。ただ数学の学習体系に

つながるゆえに、単なるパズルやクイズとは異なるということを示すために挙げた。またこの一般式は、いわゆる俵積みの問題として中学校の数学に出てくるもののバリエーションでもある。またさらに、もっと単純化された形で、三角形の面積を求める方法として、小学校高学年の数学にも出てくる。

要するに、こうしたタイル遊びで養った思考方法が、後にどれほど大きく影響するかを、身をもって体験してもらうつもりなのである。

図表ー６
（リーグ戦成績表）
（ア）

	A	B	C	D	E	F	勝	順
A	×	●	●	○	●	●	1	5
B	○	×	●	○	●	○	3	3
C	○	○	×	○	○	○	5	1
D	●	●	●	×	●	●	0	6
E	○	○	●	○	×	○	4	2
F	○	●	●	○	●	×	2	4
敗	4	2	0	0	1	3	×	×

（イ）

	C	E	B	F	A	D	勝	順
C	×	○	○	○	○	○	5	1
E	●	×	○	○	○	○	4	2
B	●	●	×	○	○	○	3	3
F	●	●	●	×	○	○	2	4
A	●	●	●	●	×	○	1	5
D	●	●	●	●	●	×	0	6
敗	0	1	2	3	4	5	×	×

俵積みの計算とタイル遊び

俵積みの数学は、図表―7のような形で、タイル遊びに組みかえることができる。要するに、*n*段積み重ねた時の合計はいくつになるか、という問題である。場合の数の組み合わせであると、（A―A）（B―B）といった同じもの同志の組み合せを含むケースである。

図表―8から割り出して、「段の数（*n*）と、段の数に1をたした数（*n*＋1）とをかけて、その数を2で割る」と合計が出る。前の総当たりの場合と較べてみると、（A―A）（B―B）……（F―F）といった同じもの同志の組み合せを含んでいる点で、ひとつずつ場合の数がふえていることがわかる。

小学校の算数で、三角形の面積を計算する時に使う方法は、図表―10のようなものである。また、高校でこの一般式を論証する場合の計算は、図表―9の通りである。これを計算に頼らないで、理詰めで考えて方法を考え出すのであるが、はじめは「今まで（*n*マイナス1番目まで）の合計に、

図表―7

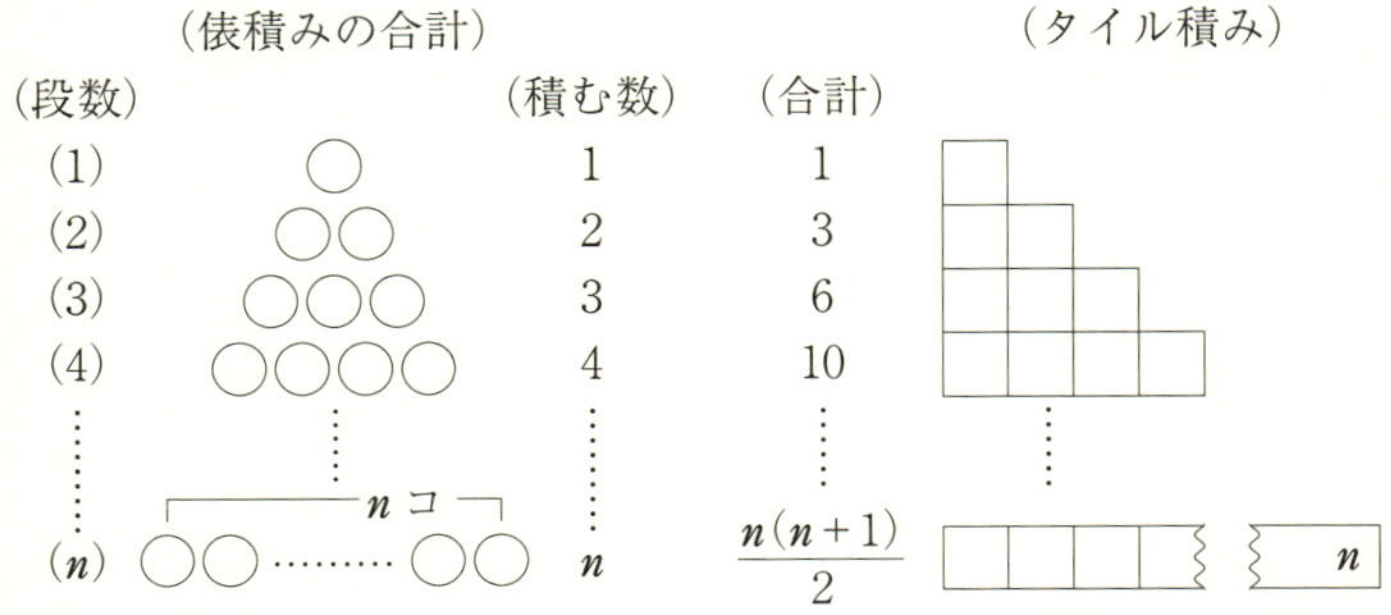

*n*番目の数（*n*）をたす」と言うにちがいない。これでは一般式がつかめない。

よく知られた方法だが、「1から10までを順にたして行くと、いくらになるか、それを早く出

図表－8

（6番目までの組み合せの数）

A－A	A－B	A－C	A－D	A－E	A－F
	B－B	B－C	B－D	B－E	B－F
		C－C	C－D	C－E	C－F
			D－D	D－E	D－F
				E－E	E－F
					F－F
1	2	3	4	5	6
計1	計3	計6	計10	計15	計21
	(1+2)	(1+2+3)	(1+2+3+4)	(1+2+3+4+5)	(1+2+3+4+5+6)

図表－9

（一般式）

$$\begin{array}{ccccccccccc} & (1) & & (2) & & (3) & & (4) & & & (n) \\ Sn = & 1 & + & 2 & + & 3 & + & 4 & + & \cdots\cdots\cdots + & n \\ & \text{計}1 & & \text{計}3 & & \text{計}6 & & \text{計}10\cdots\cdots & & & \text{計}\dfrac{n(n+1)}{2} \end{array}$$

（注）

$$\begin{array}{rl} Sn = & 0 + 1 + 2 + \cdots\cdots + (n-2) + (n) \\ +)\ Sn = & n + (n-2) + (n-3) + \cdots\cdots + 2 + 1 \\ \hline 2Sn = & \underbrace{(n+1) + (n+1) + (n+1) + \cdots\cdots + (n+1) + (n+1)}_{n\text{コ}} \end{array}$$

$$2Sn = n(n+1) \qquad \therefore Sn = \frac{n(n+1)}{2}$$

$$Sn = \sum_{k=1}^{n} k = \frac{n(n+1)}{2}$$

す方法は？」くらいは、ヒントにしてもよい。

図表―11の方法を見つけることができるかどうかが、きめ手である。この計算ができなくてもよい。次の項にどういう数がくるか、という推計ができ、その数（n）とその数に1をたしたもの（$n+1$）とをかけて、その計を2で割る、という方法がつかめればよい。

かけ算ができなくてもよい。その数（n）を、その数に1をたした回数（$n+1$回）たして出た数を半分にする。それでもよい。要は、決まりの発見まで、子供の根気（持続力・集中力）が続くか、という問題である。「わからん」と言って投げだすのでは、困るのである。

図表をめぐる発展問題

こんなことは、まず学校では教えない。だから遊んでみる値うちがある。ただの遊びではない。リーグ戦の試合数や俵積みの問題を「体系的」だと言ったの

図表―10
（三角形の面積）

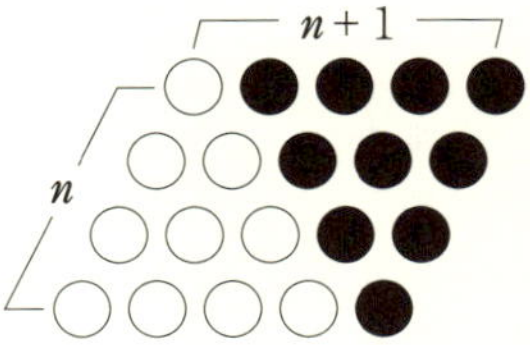

図表―11
（10までのたし算）

$$
\begin{array}{rl}
S = & 1 + 2 + 3 + 4 + \cdots\cdots + 9 + 10 \\
+)\ S = & 10 + 9 + 8 + 7 + \cdots\cdots + 2 + 1 \\
\hline
2S = & \underbrace{11 + 11 + 11 + 11 + \cdots\cdots + 11 + 11}_{10}
\end{array}
$$

$$2S = 11 \times 10 = (10+1) \times 10$$
$$= 110$$
$$S = \frac{110}{2} = 55$$

10をnとおきかえる。

$$S = \frac{n(n+1)}{2}$$

は、次のような発展問題に結びつくからである。

図表―12で、「ましかく（正方形）はいくつありますか」という問である。

(1)の場合は、小さなましかく（正方形）がひとつある。(2)の場合は、小さなましかくが4つと、四つのましかくを合わせた4倍大のましかく（正方形）がひとつある。ましかくの数の計は5つである。

(3)の場合は、小さなましかくが9つ、それに(2)の時に出てきた四倍大のましかくが4つ、さらに小さなましかく九つを合わせた九倍大のましかく（正方形）がひとつ、ましかくの数の計は14である。

図表―12

（ましかくの数の合計）

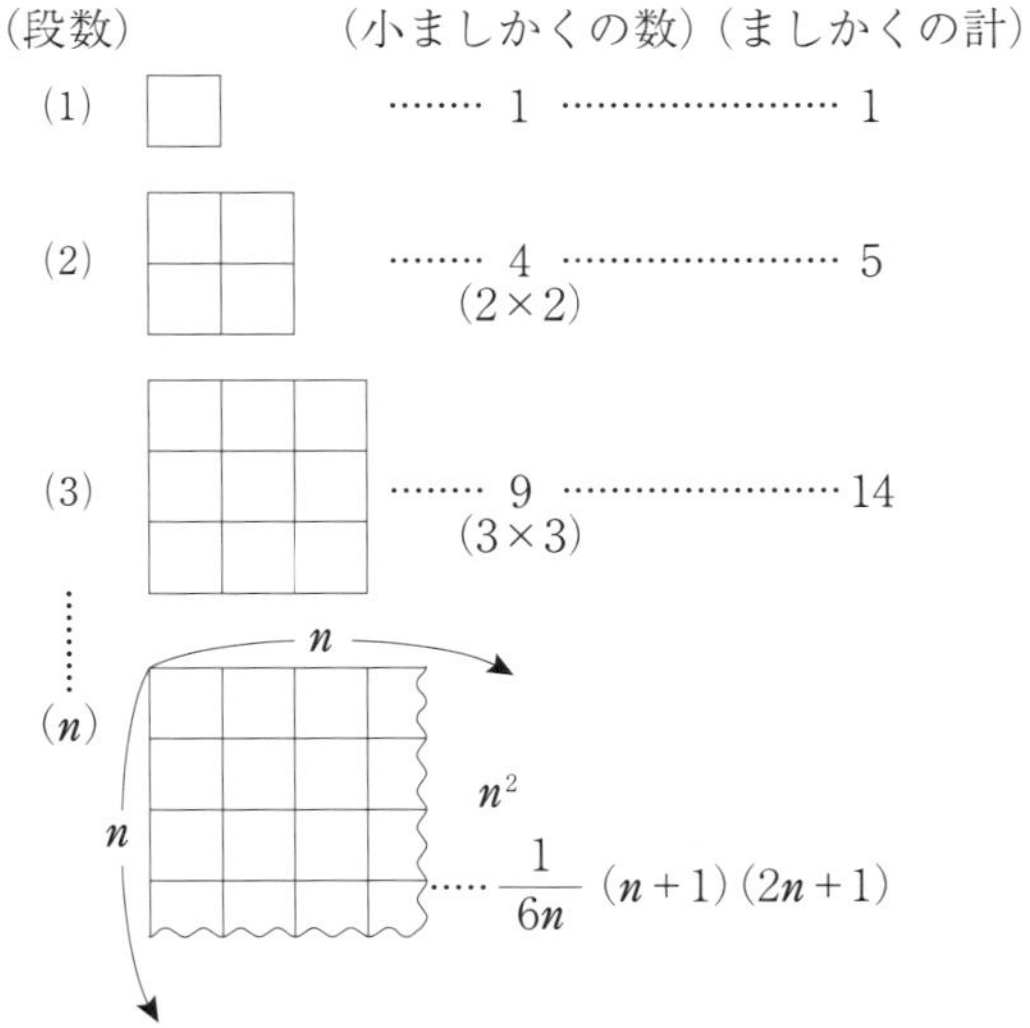

図表―13

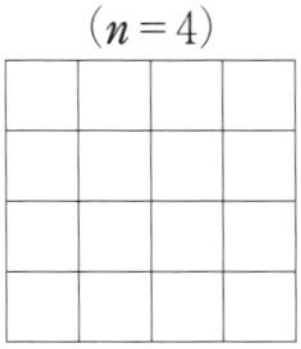

図表―14
（数列の組み方）

（項目）	（n項の数値）	（n項までの和）
(1)	1（1×1）	1（1^2）
(2)	4（2×2）	5（1^2+2^2）
(3)	9（3×3）	1（$1^2+2^2+3^2$）
(4)	16（4×4）	1（$1^2+2^2+3^2+4^2$）
⋮	⋮	⋮
(n)	n^2	$\frac{1}{6}n(n+1)(2n+1)$

一般式

$$Sn=1^2+2^2+3^2+4^2+\cdots\cdots+n^2$$
$$=\sum_{k=1}^{n}k^2=\frac{n(n+1)(2n+1)}{6}$$

こういう数え方をする約束をまずつかませる。そして、図表―13のような小さなましかくが4列4段あるものについて、ましかく（正方形）はいくつあるかを考えさせるのである。

場合の数をまちがいなく整序して考えることができれば、時間はかかるが、答はたいてい出るものである。小さいましかくが16コ、(2)の場合の四倍大のましかくが9つ、(3)の場合の九倍大のましかくが4つ、$n=4$の時の十六倍大のましかくがひとつ、計30。

それでは、将棋盤の場合、いくぶんかは長方形じみているが、ましかくと考えていくつあるか。$n=9$である。碁盤の場合は、$n=18$である。……こうなってくると、もう目では数えられない。場合の数を見落とさず、重複せず、目で数えられるのは、$n=5$くらいまでであって、後は一般式が必要になる。

親の方が、頭が痛くなると言って投げだしてしまえば、もうおしまいである。子供に勉強せよと言う資格はない。

実はこの問題は、かなり数学のできる高校生でも、とっさには気がつかない。高校の数学では二年の時に、数列の基本的な問題として計算方法は学習する。計算方法はすでに学習していても、図形に結びつけて考えたことがないから、わからない。

わからないと言って投げだすような人種に、高度の学力がついたためしはない。子供に学力をつけたい親なら、学力をつけたい生徒なら、わからないと言って放置することはできまい。これは気力の問題である。思考力、持続力、集中力の問題である。

もう一度、図表―12を、数列の問題としてとらえなおしてみると、図表―14のように整理できる。数式が書ける必要はない。要するに、「1＋2＋3＋……＋n」と、n項まで、その項の数字を二乗した数を順次たして行くという点に気がつけばよいのである。

高校二年までの数学を一応学習した人なら、図表―14の一般式は知っているだろう。それが図形に結びつかないところに、落とし穴があったのである。

できなかったからと言って失望することはない。ことによったら、理学部数学科を専攻している学生にも、図形を見た段階ではできなかったかもしれない。ただ、何とかしてやってみようという意欲が、どこまで続くか、また、解答を示されて、実におもしろいという実感が残るかどうか、がたいせつである。

おもしろいどころか、いやでたまらない、という人には、ここで降りてもらってもよい。もう二段階にわたり発展問題を示しておく。

四角形（長方形含む）の数

さきにやった図表—12の問題は、「ましかく（正方形）」だけの数の和であった。今度は、図表—12の場合で、四角形（長方形を含む）がいくつあるかという問題である。図表—15として、それを再掲する。

(2)の項で、正方形は5つある。さらに四角形を数えて行くと、次のようになる。

 の形のもの……2つ

 の形のもの……2つ

そこで、(2)の項での四角形の数の和は、9つ。

(3)の項で、正方形は14こある。さらに四角形を数えてみると、次のようになる。

図表—15
（四角形の数の和）

（項）	（図形）	（正方形の数の和）	（四角形の数の和）
(1)		1	1
(2)	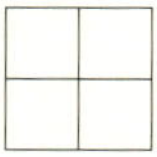	5	9
(3)	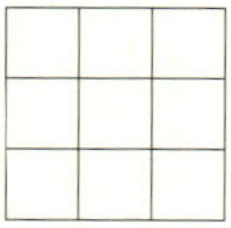	14	36
(n)	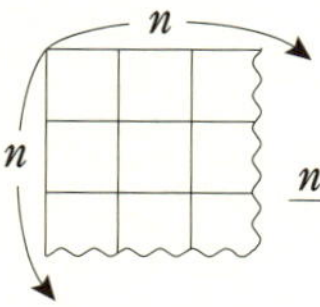	$\frac{n(n+1)(2n+1)}{6}$	$\left\{\frac{n(n+1)}{2}\right\}^2$

の形のもの……6つ

の形のもの……6つ

の形のもの……3つ

の形のもの……3つ

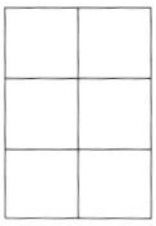の形のもの……2つ

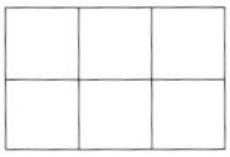の形のもの……2つ

そこで、(3)の項で四角形の数の和は36コである。

では、*n*項での四角形の数の和は？

これを解くためには、視点を変えてみるのがよい。

正立方形の数の和を数える

図表―16に示したのは、正方立体（ましかくの立方体）の数の和を求める問題である。(2)の項では、(1)の項の大きさの正方立体が8つある。それに八倍大の大きな正方立体がひとつあって、計9つの正方立体がある。

(3)の項では、(1)の項に示した小さな正方立体が27コある。それに(2)の項でひとつであった八倍大の大きな正方立体が8コある。さらに(3)の項ではじめて出てきた二十七倍大の大きな正方立体がひとつある。計36コの正立方体がある。

図表−16

（正立方体の数の和）

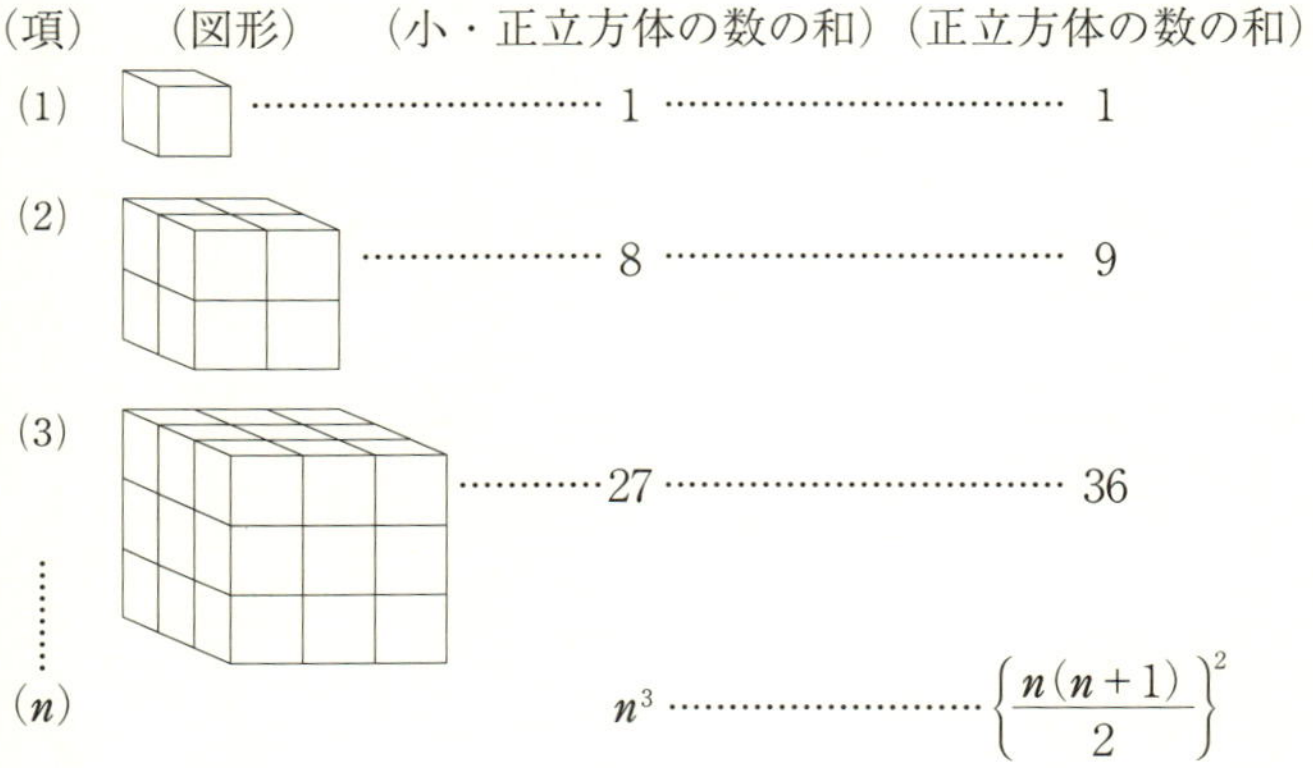

この数列を考えてみると、「1＋2＋3＋……＋n」という形で数の和が計算できることがわかる。さきの平面図・図表―15の四角形（長方形を含む）の数の和と同じ結果が出ていることにも気づくだろう。

図表―16の正方立体のn項までの数の和を求める一般式は、図表―17に示したようになる。また図表―15に示した四角形（長方形を含む）の数の和を求める組み合わせの一般式は、図表―17の注に示したようになる。これは、高校三年の数学の教科書である。

くりかえして言う。小学校低学年に高等数学を教えるのではない。高校の数学ではもちろん、一般式は教えるが、図表―12から図表―16までの正方形や正立法形の数の和の図形とのつながりは、学習しない。この「学力形成の構造」のところで、一貫して述べてきたことのね

図表－17
（図表－12の一般式）

$$Sn = 1^3 + 2^3 + 3^3 + \cdots\cdots + n^3$$
$$= \sum_{k=1}^{n} k^3 = \left\{\frac{n(n+1)}{2}\right\}^2$$

（注）

$${}_{n+1}C_2 \times {}_{n+1}C_2 = \left\{\frac{n(n+1)}{2}\right\}^2$$

らいは、俵積みや正方形、正立方体などの数の和を求めて遊ぶ過程で「場合の数」を見落とさないという意味での論理的な思考力をつけるという点である。

喜んで、楽しんで集中して、持続して遊びに乗っている子供に、無意識的に、学力につながる論理的思考力がつくことは疑えない。

とりわけ、単純な計算ドリルでない点がたいせつである。計算のしかたや、そのドリルなら、小学校低学年の算数の授業で充分である。計算式はそれなりに重要だが、計算力だけでは数学の「学力」にならない。

たとえば、計算力中心の小・中学校の数学で、よい評価をもらっていた子供が、高校で数学ができなくなってしまうのは、今述べたような数学的思考法に欠陥があるためである。実は、高校に入ってからできなくなったのではなく、欠陥は小・中学校時代から内在していたのに、計算力だけはあるため、表面化せず、評定は良かったから自分でも「できる」と誤認していたにすぎない。

3　小学校三年生までの「学力形成」に有効な手段

潜在的な「学力差」

こう見てくると、数学の「学力」のメドは、計算力に加えて、このような論理的思考力を身につける小学校低学年で、すでにつくことがわかる。計算力を中心に見る学校の成績評価の問題ばかりではない。計算力の問題では「最高」で「同等」の生徒の間でも、論理的思考力が身についているかいないかで、全く水準が異なる。その潜在していた「学力差」が、高校になってからはっきり現われている。その潜在的な「学力」がほぼできてしまう時期が、正式に算数を習い始めて三年たった小学校三年生までだろう、ということなのである。

サイコロ・バクチの手口

以上述べてきたようなことは、ほんの一例にすぎない。たとえば、二つのサイコロを振って、その目の数の和をあてる、というカケをする。その時、どの数にカケルのが、最も勝つ確率が高いか。図表―18の通り、7にかける場合が6通りあって、最も確率が高いのだが、その理由を論証することは、場合の数を示すことによって、小学校低学年なら充分できる。

できる、できない、よりも、おもしろがって試みることの方がたいせつである。さいころを3つにした場合は……、四つ使う場合は……といったバリエーションを考える発展は、およそ無限と言える。

図表−18
2つのサイコロを使って出る目の数の和

		場合の数
2＝	(1, 1)	1
3＝	(1, 2) (2, 1)	2
4＝	(1, 3) (2, 2) (3, 1)	3
5＝	(1, 4) (2, 3) (3, 2) (4, 1)	4
6＝	(1, 5) (2, 4) (3, 3) (4, 2) (5, 1)	5
7＝	(1, 6) (2, 5) (3, 4) (4, 3) (5, 2) (6, 1)	6
8＝	(2, 6) (3, 5) (4, 4) (5, 3) (6, 2)	5
9＝	(3, 6) (4, 5) (5, 4) (6, 3)	4
10＝	(4, 6) (5, 5) (6, 4)	3
11＝	(5, 6) (6, 5)	2
12＝	(6, 6)	1

（注）
サイコロの3つの場合10と11とが27通り。たいせつな点は、10または11と片方答えた場合を誤答とする点である。10と11とがそれぞれ27通りあって、最も確率が高い。9と12とが25通りである。

サイコロの展開図の種類

サイコロを作るのなら、展開図の種類を挙げて行くのがどうだろう。数学の向きが異なっていても、組み立てれば同じサイコロになるものは、同種類とする。そして形の異なるサイコロの展開図が何種類あるか。左右相称のものを同一の種類と考えると、11種類となる。これは数学計算では論証できないが、小学校低学年の子供には、「発見」と喜びを感じさせる問題である。サイコロの展開図らしい形をいろいろ、二百個くらい作り、組み立ててサイコロにならないものを除き、左右相称のものを除く……と検証して行って、まちがいなく答を断定するまでに、継続して五時間かかった。こんなのが、理想的な作業過程である。

こんなことを言っていたのでは、枚挙にいとまがない。要するに、クイズ的、パズル的な断片的知識をおもしろがるのではない。テレビのクイズ番組に、断片的知識しか出てこない点は、自明である。何の役にも立たない。一見、そのように見えながら、論理的思考力をつける体系を見すえた材料は、無限といっていいほどあるということなのである。

知的創造的な遊びの発明

遊び道具やおもちゃなどは、高価なものを買い与えても無駄である。自分で設計して作らせるとよい。娘にしむけて長続きしなかったが、「列車ダイヤ作り」などは、父が幼いころやったものである。

はじめは駅の数の少ない支線で試みる。「単線」だとおもしろいことが起こる。下手をすると駅間で列車が正面衝突する。新幹線は午前六時から午後十一時四十分くらいまでの運行である。停車駅の異なる現行のダイヤと同じようなものを、できるだけ過密なダイヤにして、最も多くの列車を何本通すことができるか。ごはんの時間を忘れるほど熱中できる。知的・創造的・論理的な思考力を養う遊びは、自ら考え出せば無限である。プラモデルなどは、半ば既製品だから、テレビにうつつをぬかしているよりマシだが、真の意味での想像力に欠ける。

既成の遊びの中で推奨しておきたいのは、百人一首と将棋と囲碁とである。

百人一首は、小学校一年生の正月前から暗記を始めた。次女の場合は、もう少し幼なかったかと思う。和歌の解釈など、わかるはずはない。およその意味が推量できればよい。意味がわからなくてもできるところが、よいのだ。たった百しかないのだから、決まり字から直接、下の句につなげばよい。次には下の句の取り札から上の句の決まり字を復元できるように仕込んで行けば上達する。

次々に読み上げられると、取り札の数が減って、決まり字が変化していく。二十枚くらいになると、ほとんどが一字決まりになる。はじめは父と二十五枚ずつ持って、二枚くらいしか取れなかったが、容赦しなかった。

次女の場合のおぼえ方は、いかにも理詰めであった。一字決まりの七枚をおぼえる時に、「むき」「すゆめ」「めくもの」「ふむべ」「さいつ」「ほただ」「せわれて」などと唱えていたので、みなが笑った。合理的というより、まるで意味のない機械相手の方法である。ばくぜんとではあるが、この時期の次女の百人一首のおぼえ方を見て、次女は理科系を専攻するのではないかと父は思った。それでも小学校の五年生くらいになると、百人一首で父を負かすほどの力量になった。

将棋と碁との論理的思考力

将棋と碁についても、論理的思考力を養う有効な方法であることは疑いない。娘の場合、女の子だという意識が働いてか、残念ながらあまり興味を示さなかった。本来、目的が論理的思考力の養成にある以上、男女にかかわりなく奨励したいのである。ただ、おもしろいからこそやるのであって、論理的思考力を養うためにやるというのではあじけない。おもしろがってやっているうちに、無意識的に、論理的思考力がついてくるのである。

将棋と囲碁とに共通して言えることは、基本的な論理構造、つまり「定石（定跡）」と言われているものを、なぜそうなるかを考えながら記憶することが、強くなる唯一の方法であるということである。思った通り勝手に打ったり、指したりする者は、いつまでたっても決して上達しない。徹底して、ひとりで「定跡」を並べることが、強くなるための基本である。「暗記はきらいだ」などという勝手な考え方をしていると、絶対に強くならない。

勉強にしても、暗記でことがすめば、簡単なのである。趣味・関心の持てないものを、無理に暗記しようとするから、暗記がきらいになるのである。強くなるための唯一の方法であると思えばこそ、熱中して暗記できるのである。暗記力についても、いろいろ本が出ている。↑有効な方法ではあろうが、興味の有無を無視しているから、身につくケースはまれなのではないかと思っている。

要点は、遊びの中で興味にひきずられて、暗記を苦にしない心理的習慣がつくかどうか、という点にある。興味といっても、勝ったり負けたりという次元で、喜んだり、残念がったりしているのでは、何ともたわいない。下手くそ相手に碁を打っても、将棋をさしても、決して強くならない。負けてくやしいというのなら、敗者になった手がなぜいけなかったのか、どう打てばよかったのかを、筋道立てて復元しなければ意味はない。

将棋の場合は、コマ組が終わって、いよいよ中盤にかかる時、「歩」一枚をつっかけるその決断力、駒損をしても相手の「王」を必死に追いこむ肝っ玉などを養う。碁の場合は、ひと隅で失敗しても捨て石にして厚みを作る総合的な大曲観、調和を失わないバランス感覚などを養うのに有効である。

ゲーム一般についての見解をついでに述べておきたい。トランプでも、強い者にはある程度、論理が読めているが、偶然の要素が入るところがおもしろくもあり、またおもしろくないところでもある。麻雀に至っては、逆に時間を偶然のために取り込まれるマイナス面が多すぎる。機械相手のゲームのたぐいは、金のむだ使いを含めて、有害あって一利なしである、と断じて不安はない。

価値観の違いにつきる

遊びに何を選ぶか、何に興味を持つか。これは各個人の自由である。いろいろ挙げてきたが、そんなものには興味は持てない、という向きも多いかとも思う。それはそれでよい。ただ、何に興味・関心を持つか、ということの根底に価値観がある。どういう種類のものに高い価値を認めるか、ということである。

筆者の挙げた基準は、論理的思考力の養成、その遊びの過程での持続力・集中力の養成ということであった。この基準に照らしてみると、価値観の相違がよくわかる。

ちなみに将棋や碁と、トランプや麻雀を較べてみると、いわゆるアミュージングの立場に立つ限りにおいて後者の方がおもしろいかも知れない。偶然の要素が強いからである。偶然の要素をほとんどなくしたところに、将棋や後の勝敗はかかっている。その方が知的な創造性という意味では、思考力を養うのに有効である。親自身の持つ価値観が、当然ここでは問題になるに違いない。

また、学校の授業に直接関係のないもののうち、知的な面ばかりをことさらに取り上げたが、情的な面、たとえば思いやりとかやさしさといったものの価値については、たとえば童話・童謡などで養成する方向をとっている点も、ご理解をいただきたい。

レビュー一　姉の小学校時代の作文集

1　モンキー・センターの秋

しゃせい大会のあと、おかあさんが、

「せっかくみや島にきたんだからね。」

といって、ロープウェーにのって、モンキー・センターへ行きました。

モンキー・センターについて、はっとしました。さるとしかとが、はなしがいになっていて、おりがないのです。さるとしかとが、けんかをしないのがふしぎです。どちらもしらん顔をしていて、なかよしのようにも見えません。

しかはおとなしいからこわくないけど、さるなんか、ちょろちょろかけまわっていて、とてもすばしこく、いじわるのようです。

『さるをにらまないでください。』

というたてふだを、おとうさんがゆびさしました。わたしは、さるにしらんぷりをして見ぶつしました。

わたしの前を、大きくて強そうなボスざるが通りました。わたしはぎょっとして後ろへさがりました。

妹くらいのよその子が、ふくろに入れた食べものをやろうとして、もっていました。さるは、いりませんという顔をしています。その女の子が、チェッという顔をして、ちょっと後ろを向いたとき、ギャッと、ふくろをとってさるが走りました。さるのおいかっけこがはじまって、たいへんなさわぎです。

「人間がいじめているから、いじがわるくなるんだね。」

とおとうさんがいいます。人間にだまされつづけたから、さるもずるがしこくなったのでしょう。

さるにえさをやるのがこわくなったので、しかだけにやることにして、おとうさんがかいに行きました。

「しかのえさ、なあに」

とのぞきこむと、おせんべいでした。おせんべいは人間の食べものだとばかり思っていたので、びっくりしました。しかと人間とがおなじものを食べるなんて、とかんがえていると、妹の手がおせんべいをつかんで、口にはいりそうになりました。おかあさんがあわてて
「あら、だめよ。これ、しかのえさよ」

ととめたので、妹はしかをじろじろにらみました。

わたしは、しかの口もとに手をやるのがこわいので、なげてやろうとすると、おとうさんが、

「あっ、このしか、なげると食べないよ。」

といいます。おそるおそるしかの口もとにおせんべいをさし出しました。すると、しかは、がりがりたべて、ねだりました。

小じかのバンビのようなのがいたので、それにもやりました。かわいかったのですが、はやく食べてしつこくねだるので、だんだんこわくなってきました。

さるのえさは、だいずだそうです。さるにえさをやるのは、もっとこわくなりました。さるは木から木へとびうつってけんかをしています。おもしろそうですが、えさをやっていてギャッととられたらと思いなおして、もう帰ることにしました。

ロープウェーにのったあとになって、モンキー・センターに行ったのに、しかにえさをやっただけで帰るなんてつまらない、という気がしはじめました。さるセンターに行って、なぜしかがいて、さるは見ただけで、しかとたくさんあそんだのでしょう。いろいろかんがえて、へんな気もちになりました。なぜかなあ、と思いながら、ロープウェーのまどから下を見おろすと、目がまわりそうなほどにたかいところでした。ふかいたにぞこのもみじが、まっかで、とてもきれいでした。


（小学校二年・鈴木三重吉賞・入選作品）

2　くま野から走って帰ったこと

ＲＣＣじどう合しょう団のれんしゅうの帰りに、バスの中でうとうとしたのはおぼえている。重たくあえぐようなエンジンの音に気がついて、まどから外を見まわすと、見なれないだんだん畑が続き、バスは急な坂道を登っていた。となりのくま野町までのりこしてしまったのだ。あわてて車しょうさんにわけを話し、おろしてもらった。

くま野の方には、子ども会キャンプで今年の夏一度来たことがある。わたしのおりたところはそれより遠くらしく、あたりの家も山も見おぼえがない。下りのバスがあるのを思い出して、ていりゅう所でバスを待った。なかなかこない。いねむりをしたのが悪かった、とくちびるをかむたびに、いらいらした。暗くなりかけて、こわくなった。バスで帰るか、歩いて帰ろうかとまよった。がくふなどのはいった手さげをにぎりしめて、走り始めたとき、道がわからなくなっていることに気がついた。

坂道がぐるぐるまがりくねって、何回も同じような林や山があらわれた。

「この同じけしき！　早くふっとんで矢野の町にはいれ！」

と言いながら走った。頭ががんがんしてきた。山のもみじが美しく、いねももう実のっているのが、ちらちら目にはいる。足ががくがくして、息が苦しく、むねがつまった。家に帰れなくなるかもしれないと思うと、一秒でも早く家に着きたかった。

道が二つにわかれている所で、困ってしまった。バス道路をおりていけば、矢野花上のていりゅう所に着くにちがいないと考え、また走った。あっちの道だったんじゃないのか、と思うと、足が前へ出てこない。こわがるからいけない、となぐさめるように何度思ったことだろう。まがりかどがよくにていて、このかどをまがればすぐだ、と思ったが、どれだけ走り続けても着かなかった。

自動車が、ブブーとならして通りすぎた。今まで車道を走ってきたということがやっとわかった。歩道が道の片方だけについていた。横ばらがいたいのをがまんして歩道を走るうちに、ていりゅう所のひょうしきにぶっつかった。まだ矢野上町だった。ふらふらと倒れそうになった。いなり町のあたりで、バスがわたしを追いぬいて行った。ざんねんだったが、しかたがない。ぎおんのていりゅう所をすぎたあたりで、苦しくて一度歩いた。

花上の町が見えてきたとき、目の前はまっ暗だった。遠くの電とうの光がまぶしかった。

むちゅうで家に走りこんだ。おかあさんに、

「どうしたの。むらさき色のくちびるをして。」

と言われた。のりこしてくま野から走って帰ったことを話した。

「バスがなかなか来なかった。」

と言うときになって、声がふるえているのがわかった。

「七キロの道、ようも走って帰れたなあ。」
とおとうさんが言った。ポロポロ涙がこぼれた。足がかたく、いたかったが、うれしくてたまらなかった。

（小学校三年・鈴木三重吉賞・入選作品）

3　白石先生さようなら

白石先生、さようなら。赤ちゃんが生まれることになったのだ。十二月の中ばになるという。それでもう、郷里の方へお帰りになる。今日が最後のレッスンだ。私は、学校から早く帰って、先生がいらっしゃるのを待った。ベートーベンのソナタ十二番。メンデルスゾーンの『花の歌』。指を静かにけんばんの上におろして、ていねいにおさらえをする。

白石先生は、私が五つのときから、今まで五年間、ずっとレッスンをみてくださった。まだ大学の二年生で、私が最初のお弟子さんだった。私がもみじみたいな手で、メトードローズの『かわいいミュゼット』をひいていたころ。はりのある、かわいた、ちょっとしゃがれたやさしい声で、こまかい注意をしてくださった。

小学校一年の夏、少しむりしてブルグミュラーの『タランテラ』を発表会用に選んだ。早いテンポの舞曲なので、指がうまくまわらない。先生の指は細くてしなやかなのに、音がすごく強くてはっきりしていた……。

冬の寒い日、かじかんだ指をあたためては、二時間のレッスンをかかさなかった。音がそろわない。とけあう音が出ない。そろえているはずなのに……。私は何度、いじわる先生だと思ったことだろう。「そう。そうです。」とようやくいわれて、わっと泣いてしまった。

三年の発表会は、モーツアルトの『トルコ行進曲』。練習不足を心配しながらひいた。「今日はたいそううまくひけたね。」とほめてくださった。いいかげんにしてきた自分がなさけなくなって、涙が出た。うれしい気持ちとごっちゃになった。先生がなぜなかなか合格にしてくださらなかったか、今になってわかる。この曲をずっと続けて完全にひきこなしてほしい、と思っておられたのだ。

四年の発表会は、モーツアルトのソナタ六番。一曲しあげるのに五ケ月かかった。学校の教頭先生が、「なん曲にちょう戦して、みごとだった。」とほめてくださった。そのころ白石先生は、けっこんなさったのだった。

「先生、赤ちゃんが生まれたら、また私のピアノ見てください。先生がいらっしゃらない間によくよく練習しておきます。」でも、もう来てくださることができないかも知れない。

今日、おいでになったとき、何か一曲ひいていただこう。記念のために。そう思って窓の外を見ると、くれがたの空から、ショパンの『別れの曲』が流れてくるような気がした。先生の細い指が空をえぐってうかび、けんばんの上にとびはねていた。美しく、かなしい曲だった。

「今度は、秋吉先生の所でがんばるのよ。先生の先生にあたるすばらしい先生だからね。……ずっとみてあげたかったのだけどねえ。」そうおっしゃる先生を想像しているとき、げん関の戸があいて、聞きなれた白石先生の声が、私のいるピアノの前にとどいた。

（小学校四年・鈴木三重吉賞・入選作品）

第六章　表現力の養成

——感じ考えたままを書いてはいけない

1　日記はつけない

文章は他人に読ませるもの

父は高校の国語教師だから、国語の学力を伸ばす方法については、一家言を持っている。とりわけ「理論」の分野よりも、「表現」の分野について、独自の指導理念を持つ。国語の教師といっても、その人の書く作文が生徒より巧みであるとは限らない。小説や文学評論、研究論文はもちろん、短い随想にしたところで、生徒の作文より質の良いものを書ける国語教師は少ない。

本をいくらたくさん読んでも、いい文章は書けない。良い文章を書く人は、相対的にはたくさん読んでいるようであるが、それは内容を知識として読んでいるだけでなく、書き方自体を読みとる読み方をしているのである。

たくさん書けば、よい文章が書けるようになる、というのもウソである。愚劣なものをたくさん書いても、表現力はつかない。ちなみに、日記をつけても、文章を書く習慣は身につくかも知れないが、決して文章はうまくならない。言葉は他人への意思伝達の手段であるのに、日記は他人に読ませる工夫をしないことを前提にしているからである。

文章は、感じたまま、思ったままを書くものではない。よりよく伝わり、他人に働きかけ、他人を動かすように、効果を計算して書かなければならない。

つまずきはどこに始まるか

読書が好きで、国語科の学習が好きで、小・中学校では作文がほめられたのに、高校に行ってから表現力が伸びないという生徒は多い。ひとつには、論理的思考力をつけるべき時期に、文学的?な感情にばかり走っていたということがある。自分の興味にかまけて、他の人（読者）がどう思って読むか、という点に対する配慮がまるでないためである。

作文に拒否反応を示す生徒は、小学校時代からたいそう多い。いつの頃か、おそらくは無意識的に、表現力をつける機会をのがして、そのまま放置してきたからである。もともと、生まれながらに感受性がにぶいとか〈つまり、何かしても、何も感じないとか〉感覚がにぶい〈気がつかない、物の性質・特徴をとらえる反応がにぶい〉とかいう子供はいない。

作文を書かせることばかりが、表現力の養成の方法ではない。幼い時から、何かをしたら、それに対する反応を、親が子供から「ことばで」引き出す、という試みを、「不断に」していると、「しゃべりことば」による表現力は、ついてくる。半ば以上というより、ほとんど親の責任だと言ってもよい。子供と「どう思ったか、感じたか」を話し合うことを、親の方が面倒くさがった結果が、表現することを面倒くさがる子供を製造する。

小学校へあがって、たとえば「遠足」に行った作文を書く。短いのがある。そっけないのがある。そのとき「放置」すると、表現意欲と表現力とは死ぬ。ちょっとこまやかな指導をひとりひとりにする担任の先生なら、そこで放置しない。

前の晩、何をして、どう思ったか。（きちんと書け。）その朝、どうして、何を感じたか。（きちんと書け。）何時に、どこへ集まったか。その様子をどう思ったか。（きちんと書け。）だれと行く途中で何を話したか。どう感じたか。（きちんと書け。）どこへ行って、何があったか。（きちんと書け。）みんなで何をしたか。何がいちばんおもしろかったか。どういう時、困ったか。（きちんとひとつひとつ書け。）何時にどこで解散したか。全体としてどう感じたか。（できるだけたくさん感じたことを書け。）

これで、ちみつにならないはずはない。学校でそっけないことしか書かなかったとなると、家で母親がひとつひとつ質問して、書かせてもよい。親が面倒くさがらずに続けると、子供にも持続力がつき、着想力や感受性が養われる。

日記に書くのでは、この「対話」がない。他の人がどう思うか、がない。文章構成の問題でいうと、どこから書き出せばよいかの工夫もない。効果を計算する必要にせまられないから、工夫することもあり得ない。

「効果を計算する」と言ったが、ことさらに珍しい話、こっけいな話を自分だけおもしろがって書いてもムダである。こんな「評価」が日記では出て来ない。「ここが書けている」という評価が出て来ることによって、効果が計算できるようになる。

2　読書感想文に取り組む

感じ考えたままを書くな

学校でも、読書感想文はよく生徒に書かせる。字数の多い作文でなくても、小説ふうの文章を学習する初めに、さっと通読した直後、簡単に印象を書かせることが多い。最初の感想は、全く感じたまま、思ったままを書くほかない。しかし、じっくり読み終わった授業の後に書く感想文は、ただ思ったまま、感じたままを書いたのでは、深まりがない。

「感じたまま、思ったままを書いてはいけない。」と言われたら、生徒はびっくりする。それでは何を書けばよいのか、感じたままでさえうまく書けないのに……と、とまどうにちがいない。

高校教師で文芸評論家の父が言う答えは、決まっている。

「作者・筆者が読者に、このように読みとってほしい、このように思い、このような感想を持ってほしい、と思う内容がある。それを読みとって、その方向に沿って書くべきだ。」

言われてみれば全くその通り、全員が納得する。むつかしいことを言っているわけではない。入学試験にしろ、入社試験にしろ、出題者の出題意図をくみとって、その意図に沿う答案を書かなければならないのは、自明の理である。「思いもしない、感じもしない、大ウソを書け」と言っているわけではない。もっと的確に言うならば、深く読みとって思い、感じ、考えたことのうち、効果的なものを選りすぐって書け、ということである。筆者の意図と全く無関係なことを、いくら自分が思い考えたからといっても、ツボをはずして書いたのでは、深く読みとったことにはならない。

要は、読みとりの深さが、自己表現を決定する前提になっている、ということである。一般に文章を読んで「わかった」と思っても、それを自分の言葉でとらえなおして、文章に書いてみなければ、自分のものとして「わかった」ことになっていないのではないか。真の意味での「理解」とは、自分の言葉で「表現」してみて、初めて確認されるものである。

読書感想文の対象（本）選び

対象としてどの本を取り上げるかが、まず問題である。年齢相応に思考を要求される対象でなければ、書く意味はない。他からの評価が出て来ないか、またはマトをはずしたものになるからである。マンガを対象に取り上げても悪くないはずであるが、そう言うと笑われる。なぜかというと、さして「思考」した過程がないから次元の低い内容しか書けないと予測できるためである。

逆にマンガ論を高い水準で展開しようとすれば、高度の文化的批判力と広い視野、柔軟な思考力が要求されるだろう。一流の詩人たちの文章に、高度な知的水準によるマンガ論があるが、その水準のものは小・中学生には、とうてい望むべくもあるまい。

「おもしろい」と思うものを取り上げる、といっても、書く本人の知的・情的な深みを開発する——自己の生き方、考え方を「発見」するようなものでなければ、ほんとうの意味での「おもしろさ」につながって来ないのではあるまいか。ただの「好み」で選んだ本の感想文にすぐれたものの書けたためしはない。すぐれた水準の作品を対象にして、書く本人の「好み」以上に、深く自分の生き方、考え方を「開発」するものについて、書きこんで行くというのが、選択の基準となる。

その基準をはずれるものは、読み捨てるのがよい。

読んだ本すべてについて「読者ノート〈カード〉」を作れ、と指導する国語教育専攻の大学の先生もあるようだが、そんなことができるわけがない。さして学力をつける足しにもならない。ただ選ぶ候補となった数冊については、詳細な「読書ノート」を作る作業が欠かせない。一冊にしぼる過程で、必要となるからである。

読書ノート作りと話し合い

読書感想文に取り組みはじめたのは、長女が小学校二年の時からである。書き上げた年には応募し、そのつど県入選をしたが、その第一段階は、図書館協議会推薦の「課題図書〈第三類〉」を含め数冊の対象を決め、それぞれについてかなりくわしい読書ノートを作ることであった。小学校二年の時、松谷みよ子『センナじいとくま』を書いて県入選した時も、課題図書三冊のうちから一冊にしぼる理由は、ノートを作る過程で生じた。読まない前から一冊にしぼり、一冊しか読まないというのは、書く本人の資質・心情とその本の内容との響き合いができるかできないかがわからないから、あまりよい選択方法ではない。

次の段階は、夕食の後などに、父や母とその本の内容について対話することである。たとえば『センナじいとくま』の場合、熊が人間に害を加える理由として、人間が山林を開発したためにエサを失って里へおりてくるという自然破壊、公害の問題がある。また、人間が熊を撃つ理由として、熊の胃などが薬になるという人間の自然利用の問題のほか、熊が作物を荒らし、人間に危害を加えることが挙げられる。

さらに、熊としても人間が危害を熊に加えるからという熊の自己防衛の問題があり、とくに撃たれた母熊にも家族——子供がいるという生態がある。母を人間に殺された子熊が、飼ってくれる人間に甘えるかわいらしさ、人間の残酷さなどが、書く本人の生活感情に即して話し合われることになった。これらの問題は、かなり複雑にからんでいて、放置すれば一面的な、浅っぺらい感想に終わってしまうことは、わかっていただけると思う。

さっと読んで、苦労しないで書いて、それがたまたま入選しても、文学的才能があることには決してならない。才能とは、苦労して自ら開発して行かないと、現われては来ないものである。二回、三回と書きなおして行くうちに、書く本人の内部に眠っていた能力が現われてくるのも事実である。現在持っている表現力を二〇〇パーセント出し切るまで、やりなおしをして、投げてしまわない精神的訓練は、他のどの分野にも通じる。

読書好きに文学好きが多いのも、思考の欠落を招く原因である。初歩的な段階では、「好き」

な作品が必ずしも書く本人の資質に適しているとは限らない。本人自身はもちろん、親や学校の担任教師も、その資質に気づいていないことも多い。ノートを作っていく段階で、作者・筆者の示す標準に、本人の資質が入りこめるかどうかがわかって来る。

次女の場合に、その点がよくわかった。課題図書三冊の中には、文学的なものばかりでなく、理科傾向の明白な本も一冊は入っている。はじめ次女は、理科的傾向のものを選んでいたが、その中の文学的情感に訴える部分に、しっくりなじんで行けないことが、取り組む過程でだんだんはっきりして来た。情感がわからないのでなく、感情に訴えるようなとらえ方でなく、情感をもっと割り切れた認識としてとらえようとしている。

それが父や母との話し合いの過程ではっきりして来たのである。したがって書いた文章を見ると、計算で割り切れたような論文みたいになっている。科学的論文としてはきちんと書けているのだが、情感に訴えないから、いわゆる「感銘度」が薄い。小学校の教師にも、論理よりも感銘度という尺度・基準によって評価したがる偏りがある。どうしても高い評価をもらえるような読書感想文が書けなかった。

これは文章自体が下手なのではなく、抽象的度合いの高い科学論文向きの文体なのであって、文学的文章に適さないのである。二、三年続けるうちに、読書の傾向も変化して来た。せいいっぱい文化的な傾向のものを読むとすれば、『平家物語』『保元・平治物語』『太平記』といったいわゆる軍記物のリトールドを好んだ。

これは「歴史」への興味とは異質のものである。人間の「事実」に対する興味であり、探検・冒険小説〈マゼラン、シュリーマン、コロンブスなど〉に通じる。「文学」とは全く異質であって、科学読み物がずらりと次女の本棚に並んだ。

課題図書に推薦されるような本の読書感想文を書く気にならないのも、当然である。とうとう父が次女に、どんな本が読みたいかとたずねた。天文学、ハレー・彗星、物理学、アインシュタインなどという答えを聞いて、父が言った。「よし、新書版でブルー・バックスというのが出版されている。今までに出ているのが全巻で百五十冊。全部、買ってやる。全部、読め。」

中学校一年の夏休み前であった。次女が理科系を専門に選ぶことが、これではっきりしたのであった。一時の興味ですぐさめるようなものではなかった。

3　読者がどう思って読むかをねらう

事実以上の真実を選ぶ

中国新聞社が行う児童対象の作文コンクールに、鈴木三重吉賞というのがある。長女は小学校二年から応募して、三年連続入選した。指導の要点は、あったこと、思ったままを書くのではない、読者がどう思って読むか、効果を計算して書く、という点で、読書感想文の場合と一致する。

たとえば『モンキー・センターの秋』の場合、宮島のみせんに家族で行ったこと自体は、事実としての体験なのだが、さるのずる賢さはどういう点に現われているかを最も鋭く描写するためには、人間のゆだんを見すまして一瞬にひと袋全部のエサを奪うさるの行動にしぼるのである。また、家族四人の書き分けには、それぞれの役割を決め、妹はさるのえさ「おせんべい」を自分が食べようとすることにしぼる。

ひとつひとつは事実であるが、多くの事実のうちから、いわば「事実以上の事実」とも言うべき素材を選んで、読者に示すことによって、イメージがくっきりと浮かび上がる。さるのずる賢さについては、読者がなるほどと思うだろう。妹の幼さに読者は微笑を誘われるだろう。その計算ができるかどうかが、効果のある表現の判断基準となる。

題も困りきってつけた。鹿はおとなしかったが、長女はさるが恐しかったのである。それと真紅のもみじの、美しいが何かぶきみな谷の深さとを重ねて書いてみたかったのだが、充分な表現にはならなかった。

着想は古典からもらう

古典的名作から着想をもらうこともある。『くま野から走って帰ったこと』は、芥川龍之介の「トロッコ」を下敷きにしている。工夫した点は、後になってから「気づく」ということである。その時には、必死になっているから、気がつかない。その心情を書いてみたかったのだが、意図が充分に生かされているとは言えない。わざわざ不器用な題名にしているところに、そのねらいが示されえているが、ぼんやり読むとそこに気がつかない。

『白石先生さようなら』には、題名に『チップス先生さようなら』が響いている。ドーデの『最後の授業』からも換骨奪胎をねらったふしがあるが、いずれも体験をふまえながら、体験の事実そのままではない。最後のレッスンが始まる寸前までに素材をしぼって、回想をはさみながら、時間の処理をしているところに、感傷を避けようとした工夫がある。

4　体験の幅を拡げる

音楽に打ちこむ表現力

すぐ前の作文にもあったように、五年間、ピアノの手ほどきをしてくださった先生が、お産のため来てもらえなくなった。父の知人のお嬢さんが、東京芸大の楽理学科に合格した。そのお嬢さんが十年も習った先生に、東京芸大のご卒業で大学の先生をしておられた方がある。その先生に紹介してもらって、レッスンを見ていただけることになった。

長女は小学校五年の発表会で、ベートーベンのソナタＯＰ13「悲愴」の第三楽章を選んで弾いていた。この程度の曲になると、ピアノの鍵盤を「たたく」「押す」「抑える」などのタッチによって、表現力を養うことがたいせつである。以来、満四年にわたり、その先生のお宅にうかがうことになるが、音による表現のちみつさを体得することもたいへんであった。

ＲＣＣ児童合唱団には、小学校三年で受験入団し、五年生の初めから合宿や演奏旅行につれて行ってもらえるようになった。家を離れて、さまざまな地域から来る友達と寝食を共にする体験が、音楽の表現力を伸ばすこと以上に、人間的な成長の上で有益だった。ただ、あまりに外出が多く、ピアノのレッスンとの板ばさみになって、六年生の夏前、合宿に行きそびれて退団した。父が出向いて、合唱団の先生に陳謝しなければならなかった。

家族旅行の計画を立てる

六年生の夏に、親類の三家族九人で、山陰への旅行をした。その時、旅行日程の立案から実施中の総務の役目を一切任されてとりしきった。部屋割りから食事、風呂の時間まで、すべての手配を指揮し、親は業者との折衝と支払いとだけをすればよかった。こうした体験の幅を拡げることが、表現力の裏づけになることも確かである。

コーラス　三　児童教育論

1　教えるとはわからせることである

わからないまま放置しない

教える前にはわかっていなかったことが、教えた後にはわかった状態に変化していなければならない。しごく当然のことであるが、これを児童に徹底することは、実は至難のわざである。授業で徹底的に教えこんだつもりのことであっても、試験をしてみると、全員百点とはいかない。同じ百点をとった生徒が何人かいたとしても、その内質は、余裕のある百点とやっとか偶然の百点とでは、学力に月とスッポンほどの差がある。

「教える」ということの定義として、次の二つの言い方のうち、どちらが望ましい定義だろうか。

(1)　教える者が、教えられる者を変化させることを意図して教えられる者に働きかけること。
(2)　教える者が、教えられる者に意図して働きかけて、教えられる者を変化させること。

前者⑴は、教えるとは「働きかけること」としている。生徒に働きかけたところで、生徒が教師の意図通りに変化しなければ、さっぱり効果はあがらない。後者⑵は、教えるとは「変化させること」と規定している。生徒の側に教師の意図した変化が現実に起こって、はじめて「教えた」と言えるのである。

教師が「わかりましたか。」とたずねると、小学生はこぞって「はーい」と元気な声を挙げるが、喜んだり、頼もしく思ったりしてはいけない。実はすでにその理解の内質に千差万別以上の段階的な差がある。高校生くらいになると、自分がよくは理解できていないとうすうす知っているが、小学生は純真に自分で「わかった」と信じているので、よけいしまつが悪い。

目標達成を明確に評価する

全くテレビを見ないことは前に述べた。次女が市立小学校の三年の時、おもしろいことが起こった。休み時間に級友のひとりが次女にむかって、「ゴダイゴって知ってる?」とたずねた。次女は少し考えて、「建武の新政の時の天皇の名前」と答えた。「わあい、人気歌手の名前も知らんのね。」ということになったが、逆に級友の誰ひとりとして後醍醐天皇を知らなかったのである。

価値観の相違がはっきりした見本のような話であるが、これくらい目標が違うと、わかる、わからないの区別もはっきりする。目標を明示し、その目標に照らして達成できたかどうかをはっきり評価することが、とりわけ小・中学生には必要である。

デキルというだけで、手ひどいイジメに合うこともあった。イジメは価値目標〈何が価値ある目標であるか〉を自覚し、その評価をそのつどはっきりさせることによって防止できる。タテマエとして「イジメ」はよくないと誰でも知っている。価値目標をこまかく徹底させ、ホンネとして評価する形をとれば、「わかる・できる」と「わからない・できない」の区別がはっきり自覚できる。

2　論理的思考力を身につける

遊びにも目標を明示する

小学校の段階で最も確かに身につけておきたい能力は、論理的思考力だと思う。解答が合えば「わかる」つもりになってしまうところに、落とし穴があるから、解答を出した理由・根拠を明確に説明できなければならない。

よく学び、よく遊べと言う言葉が至言である意味は、遊びにも勉強以上の目標を明示し、正確に達成感を持たせる形をとってはじめて確認できる。

受動的に与えられる刺激を楽しむだけでは、依頼心を助長する。余暇にも、論理的思考力・表現力・批判力を養う遊びを自発的に選ぶようにしむけるのが、親の責務である。

第七章　英語の導入

——英語に強くなる出発点

1　ひと月前から集中して始める

学力がつく節目になる時期

さきに、学力のメドは小学校三年までにつく、と述べた。その時期に、竹にたとえればひとつの節があるということである。その次の節目にあたる時期が中学校一年であると思う。さきの節目が算数と国語とを中心とするものだったのに対し、中学校一年は新しい学科として英語が入って来るからである。

英語も国語や数学と同じく、基礎学力の養成に時間のかかる学科である。それだけに英語の学力の基礎をかためることは、大きく大学入試から後まで、誇張して言えば、一生涯を左右することになる。

母は大学の英文科を卒業し、中学校の英語教師を勤めた。その経験から割り出した英語の導入法を娘ふたりに実施した。

中学校入学の四十日前開始

まず時期である。小学校六年の最後、あと四十日ほどで中学校の英語の授業が始まるという三月一日から、英語の学習を始めた。小学校卒業前といえば、まず授業もさしたる内容はない。春休みには宿題もない。1日に七、八時間は英語に集中できる。

最近、幼稚園か小学校下学年対象の英語会話教室などがある。幼い子供が、たどたどしい英語をしゃべると、何かほほえましい感じがしないでもないが、現行の教育制度で、中学校一年から英語が教科になる状況が変化しない限り、幼児に英語会話を教えることは、まず百害あって一利なし、と断言して不安はない。

生活の中で思考を全く欠いた置き換え作業にすぎないからである。日常の生活用語として、家族全体で一日中英語しか話さない、すべての用件を英語ですませる、というのなら、また別である。そうでなければ、ツケヤキバにすぎない。

何によらず幼い時から早く習わせろという早教育論がある。早く習った方がよい分野というものはある。ただし、本格的な体系をもった方法で集中的に導入することが条件である。ところが英語会話の場合は、中学校一年から教科に入ってくる。これは学齢を無視した先走りである。論理的思考力も充分についていない段階で、おうむのように英語がしゃべれたところで、いかなる学力にもつながって来ない。

それだけではない。中学校へ入って初歩の学力をつける間に、「自分は早くから英語を習ってそのくらいのことはわかっている」と思いこみ、同級生を見下げてしまう。アクセサリーにカタコトをあやつっていい気になるという根性がよくない。内質が伴っていないのだから、親の自尊心をくすぐる意味しか持たない。

中学校一年の間は英語がよくできたのに、二年、三年と進むうちに、英語の成績が下がってくる生徒に、そういうケースが多いのである。何ごとにつけ、なまじっかな導入を初歩の段階でやってはいけない。

2　テープを徹底的に聞かせる

体系的なテキストの反復

テキストには、ある有名な録音テープ一組〈十数本〉を用いた。それなりにお金はかかるが、後に学力不振を招かないとすれば安い。父と母との一致した判断で、後の大成を考えての投資には、貧乏を質に置いても金を惜しまない。

自分の吹きこんだ声を自分で聞けるように、宇宙交信でもできそうなイヤーホンとマイクのついた設備である。それを珍しがって喜んで吹きこみをしたがる感情を、英語学習への意欲として利用する。

相当高次な内容までの会話が、体系的に入っている。リピートして吹きこみ、失敗すれば自分の吹きこんだ声だけが消えて、お手本の録音は残っている。アクセント・イントネーションに徹底して慣れ親しむのがねらいである。ネイティブ・スピーカーの米語がこうして身につく。四十日間集中してしゃべれば、自己紹介ができる程度の力量はつく。

英語の文字、スペルは一切書かない。考えてしゃべる習慣が身につくから、音声での意味は完全に納得できる。この英語の導入法は、百パーセント、完全な成功例だと言ってよい。

文字は同級生といっしょに、中学校の授業で習い始めた。だから他の同級生をナメル余裕などない。あとは文法体系を習うにつれて、会話の内容から推定した論理を自分で作り上げることができる。たちまち真の意味での「学力」が身について、いっぺんに自信をつけた。こうなると自分でいくらでも読み進んで行ける。

ラジオ講座を毎日聞く

名著のリトールドを中学校一年の夏休みに相当読み込んだ。辞書ははじめは引かず、確認のために引くだけである。平日の毎朝、六時五分からは、「基礎英語」のラジオを聞いた。すぐ後の時間の「続・基礎英語」は高度な内容であるが、意味がはっきりしなくてもリピートできる。二年生からは連続して七時間まで、「英語会話」をリピートして、書き取りができるようになった。

英語の検定は、中学校二年の春に三級、高校一年の春に二級に合格した。この水準でほぼ、大学受験に不安のない程度の語学力がついている。

3　大学附属学校の性格

実験に使う優秀な設備

幼い時からねらって国立大学の附属校に入れたのではない。この点については幼稚園時代の項で述べた。子供の尻をたたいて勉強させる気は、全くなかった。英語の導入についても、自発的な取り組みから始まって、すべて子供が自分で集中して学習して行ったことである。ただ附属校へ入れてよかったと思うことが、ふたつある。

もともと大学の附属校というのは、教育学の研究、教員の養成のために設置されている学校である。教育実習生も春と秋とに大勢、やってくる。附属校の生徒は、教育の実験をするためのモルモットなのである。教育研究、実験の必要上、実験的授業を試みる場合も多いから、新しい教育理論を先取りをしたり、新しい設備を導入したりする。この設備を有効に使わせてもらえた点がありがたい。家庭での自主的な学習を推進する理論に加えて、自宅でできない会話の録音テープ作りなどもしてもらった。

そういう性格を持つ学校だから、公立の小・中学校と同じ程度の学力のバラつきのある学級構成になるのが理想である。そのあたりの事情を理解していない親が、何か、学力の優秀な生徒ばかりいる学校のように誤解して、自分の子供を行かせているとエリート意識を持つようなこともあるようだ。全くの誤解であると断言してよい。

私立有名校と言われる学校は、経営上からも優秀な生徒ばかりを集め、さらに優秀な生徒を詰めこみ授業で製造する。それとは性格が全く違う。大学の附属小学校の学力平均は、一般の公立小学校を卒業した生徒のそれとさして違ってはいない。

その証拠に、附属中学校にあがってみると、学力成績のトップ集団を形成しているのは、一般の公立小学校の最優秀の生徒で、中学校入試に合格した者と、あとは附属小学校からエスカレーターでのぼって来た生徒のうち、ほんの数名とである。

広大附属東雲には、中学校までしかない。だから広大附属高校へ受験しようと思えば、一般の公立中学校の最も優秀な生徒と公平に、入学試験で争わなければならない。附属小学校からエスカレーターでのぼってきた生徒のほとんどは、附属高校へほとんど合格できない。小・中学校を九年間にわたって飼い慣らして来た劣等感がますますひどくなって、むしろ一般の公立中学校を出た生徒よりも、下手なエリート意識があればなおさら、しまつが悪くなっているのが実情である。

エリート意識
ライバル意識

大学附属校に行っているなどというエリート意識ほど、鼻持ちならないものはない。内部にいればそれがよくわかる。附属高校に入ってみると、学力成績のトップ集団を形成しているのは、一般の公立中学校からきびしい入試をくぐってきた生徒の多くと、附属中学校から来たほんの数名とである。正当な意味でのライバル意識とは、全く異質なものである。

ここらでライバル意識についてふれておきたい。父は長女にも次女にも、何につけライバルと思われる級友と、とくに仲よく相手から学ぶように言い続けた。お互い、みがき合うことによって、いっしょに力量を伸ばして行くことだ。相手をうらやんだり、ねたんだりすることは、すでに自分の劣等を認め、自分をみじめにしているだけのことである。たとえ相手の欠点をけなしたところで、自分が優位に立っていることにはならない。……

もうひとつ、附属校に入れてよかったと思うことは、同じ学校に、精神薄弱児童の教育をしている教室が併設されていることである。大学の教育学部には養護・ろう・盲などの教諭を養成する学科がある。それぞれの施設と連携をとっているが、健常児童に対して、いわゆる「三組さん」の児童に対する対処のしかたを正しく教育してくれる。

「三組さん」をかばう精神

学校行事などはいっしょに実施するから、ことあるごとに、差別をしない、さりげなくかばいエスコートする、協力する、奉仕する方法と精神とが身につくのである。この点、下手なボランティア活動を気まぐれにするよりも行きとどいて、生涯その身についた態度は変わらない。ありがたいことであった。

イジメなどという自分をみじめにするようなことが、まず起こらないだろう。とりわけ東大なんかに行く生徒には、いちばんたいせつな精神の養成だと思う。

第八章　クラブ活動の推奨

——体力と人格の錬磨

1　クラブ活動の効用

クラブ活動は青春のはけ口

父がある新設高校の創立初年度に赴任した時のことである。まだ生徒会組織がないから、クラブもない。活動するにも設備がない。第一回入学生が入って来てひと月くらい経つと、生徒の空気が異様に沈滞して、狂気じみた焦りを示すようになった。早くクラブ活動だけ開始せよ、という要望が自然発生的に高まって来た。生徒会組織ができるのを待てないというのである。

そこで生徒会発足よりも先に、臨時の形で、クラブ活動部門だけを発足させざるを得なくなった。教室の異様な狂気はうそのように消えた。それほどに、高校生にとっては、クラブ活動が学校生活の中で重要な意味を占めていることの、ひとつの証左である。

体力と人格を形成する基盤

体育祭や文化祭、クラス・マッチなどの学校行事、生徒会や各種委員会などの活動とともに、クラブ活動は学校生活を彩る大きな存在である。体育系クラブに入って若いエネルギーを思い切り発散すると、ただに体力増強になるだけではない。文科系クラブを含めて、授業のクラスを離れた交友の場でもあり、自発的な人間関係を広くする。

とりわけ学年をはずして、先輩・後輩といった人間関係にも拡がって行く点がたいせつなのである。クラブの練習や作業を通して、チーム・ワークや協調性を養うことが、九十九年後までの生涯的な人格形成に果たす役割は大きい。

大人になって学生時代を回顧する時、クラブ活動で苦渋を共にした友情を語る人は多い。生涯の友をクラブ活動で得たという人も多い。クラブ活動で身につけた能力を、将来の職業や趣味に生かしている人も多い。「よき思い出を作るために」クラブ活動をするのではない。クラブ活動に打ちこんだ結果が、忘れられないのである。

ある意味では授業よりも、想像力や根性、忍耐力と持続力とを身につけるのに有効でもある。同好者の集団であるという自主性と自由さとが、そこにはある。

2　勉強とクラブ活動とを両立させる条件

両立を夢みると失敗のもと

学校生活でクラブ活動が組織として教育内容に組みこまれるのは、中学校からである。活発に打ちこんできた生徒ほど、高校に入っても「両立させる」と息まいている。

高校入学直後の自己紹介などでも、「クラブ活動と勉強との両立」を悲願や決意として語る生徒がいる。実際には、かなり困難なことであると、観念的にはよく自覚している。必ずやりとげてみせる、と宣言する意気や誠に壮である。

「両立信仰」なんてのもある。「先輩のだれクンはクラブでもすごく活動して、しかも○○大学へ合格した。偉い人だ。」と讃嘆をこめて語る。ほめられただれクンはたしかに頑張ったのだが、それを讃嘆する語り手自身は、さして実践力がないのが通り相場である。

クラブ活動もせず勉強ばかりする人種を、ガリ勉と言ってケナス風潮がある。人格や性格と直接関係はないはずだが、冷たい、思いやりがない、わがままだと言って悪く言う。ある意味ではそういう人種もいようが、ケナス人種の方がもっと実情を知っていない。

一般的に言えば、「両立する決意」を宣言したり、「両立信仰」を強く持ったりしている生徒ほど、結果的には両立できない場合が多い。意気が勇壮で、クラブ活動をしない者をケナス度合いが強いだけに、無意識的に、クラブ活動だけにバランスが傾いてしまって、勉強がなおざりになってしまいやすい。逆に、ごく当たり前の平淡な顔をして、黙々と努力している者に、両立に成功するケースが多い。

時間の配分と気持ちの転換

勉強とクラブ活動とを両立させる条件の第一には、時間の配分と気持ちの転換、切りかえをうまくすることが挙げられる。放課後はクラブ活動に打ちこんで夕方帰宅してからは勉強に専念するというケジメをつけることである。

第二には、勉強とクラブ活動とで手いっぱいの時間だから、他にしたいことがあってもいさぎよく、他のことを捨ててしまうことである。それでなくても、他の人が勉強している時間をクラブ活動に使っているのだから、という自覚を持つ必要があろう。時には休み時間、他の人が遊んでいる時に宿題をこなしたりして、多少はかっこうが悪い目に合うことも覚悟するくらいで、ちょうどよい。

頭で考えると当然のことが、なかなか実行できない。クラブ活動で疲れて帰って、興奮の余波が残っていると、気分の切りかえができない。ちょっと勉強していると眠くなる。うたたねが朝まで続く。自分を甘やかすと際限がない。苦しい勉強に耐えられなくなる。クラブ活動の方が楽しく、勉強が苦痛になると、授業中は居眠りをしていて、放課後にやっと解放されたような気分になり、やがて学校にはクラブ活動をするために行っているようなことになる。

きびしい勉強を持続する習慣がついていない場合は、クラブ活動との両立はできない。「両立信仰」を持つ生徒がかえって両立できなくなりやすいのは、自分にきびしい勉強の習慣がついていないことを自覚していないためである。

苦しい勉強からの逃避場所

苦しい勉強から逃避する名目に、クラブ活動を使うようになると、もう処置なしである。

このあたりは逆に、クラブ活動のあり方にもかかっている。クラブ活動は楽しいというが、その楽しさが息ぬきの娯楽に堕してしまうと、苦しい勉強からの逃避場所になる。

クラブ活動が非常にきびしく、体力の限界まで自己をきたえるようなあり方であるのが、むしろ望ましい。忍耐力、根性、向上心が培われ、きびしく自己をきたえる精神が、勉強する態度にも反映する。集中力、持続力、責任感の養成にもつながるから、勉強の方もなおざりにはならないのである。

3　目標と方法とを明確に

強化訓練か体力の養成か

体育系のクラブだと、さまざまな様相があって一概には言えないが、試合に勝つことを目標にするのか、基礎的な体力を養成することをねらうか、ということが、クラブ活動のあり方を全く変えてしまう。勝つことを至上命令ということになれば、個人的な事情は一切認めてもらえず、強化訓練が強制されることになろう。

試合に勝つこと、コンクールに入賞することが至上の目標ということになると、クラブ活動そのものの本来の目標を見失って、手段・方法も度を失ってしまうという見方もある。青春の感激も、人間関係のつながりの深さも、同じ目標にむかって努力する過程にあるのだから、それでもよいという見方もある。

文化系クラブが多く沈滞ぎみになる原因は、目標のあいまいさ、方法のずさんさにある。計画がちみつでなく、結果の評価がはっきり出ない場合に、いいかげんになりやすい。そして体育系・文化系を問わず、時間の使い方のルーズなことは、内省されていい。

雑談クラブと食べ歩き時間

それがクラブの楽しさだと言われたらそれまでのことだが、取りかかるのが遅く、多くは雑談で時間をつぶしてしまって、決められた下校時間をオーバーしてしまう。クラブが終わってから、また雑談で時間がつぶれる。食べ盛りの年齢だから、気持ちはわからないではないが、学校の近くのお店へ行って、部員仲間で楽しく話しながら何やかや食べる。帰宅がむやみに遅くなるのは、それが理由である。「クラブで遅くなった」と弁明するのは、たいていウソである。

クラブ活動が終わってからのこうしただんらんの雰囲気が、生涯続く交友のきっかけになるとも言える。しかしまた、このような時間のつぶし方が、両立のくずれる原因にもなる。「クラブが終わったら、一言ものも言わず飛ぶように下校するなんてことができるか」と言われるかも知れない。それができにくいからこそ、両立は「よほどうまくいった場合」と言える。

4　クラブを途中でやめるのはよくない

退部は人間関係の崩れから

クラブ活動を続けていた生徒が、途中で退部してしまう原因の多くは、人間関係がうまくいかなくなったことである。監督や顧問の先生とそりが合わなかったり、先輩・同僚との間がしっくりいかなくなって、いやけがさした場合が多い。本来、好きで入ったクラブだから、種目自体がいやになるはずはない。続けたくても、自分のペースに合わなかったり、時間のさしくりがつかなくなった場合もある。しかし、少なくともそこには、当人の自主的判断が働いている。

クラブをやめるのに最も面倒な問題をひきおこすのは、勉強ができなくなったといって、親が子供に退部をせまった場合である。

「わがクラブは勉強しない生徒は退部させます。」などと宣言して、親を安心させる顧問の先生もいるらしいが、実情は退部させたケースはないのが普通である。子供の方も勉強ができないと自覚してジクジたるものがあるのに、交友関係にひかれて、ずるずると続けている場合も多い。そんな時、親が頭ごなしに、退部して勉強に専念せよ、とせまると、子供は苦しい立場に立たされる。

とりわけ団体競技のクラブで、自分がやめれば試合に負けることにもなると思うと、責任感の強い生徒ほど悩む。途中で放棄すること自体のいくじなさも自己嫌悪の種になる。退部することが原因で、人間関係が学校生活全般にわたってうまくいかなくなることもある。

進学指導を長らく経験した結果から言えば、こういうケースでは、たとえ浪人を覚悟しても退部すべきではない。退部しても勉強ができるようにならないことが多い。

また退部を決意した生徒や親にむかって、クラブの顧問が「退部しても勉強ができるようにはならない。」というべきではない。たとえクラブが試合に負けることになっても、クラブ指導にあたる立場の者が退部を引きとめにかかるところに、了見の狭さがさらけ出されている。勝つための方便と言われても弁解の余地はあるまい。

クラブの顧問自体が、進学指導の面でもベテランになればよいのである。進学指導の担当教師はクラブを目のかたきにする、などという偏見が、クラブ顧問の側にあること自体が、問題である。ベテランの進学指導担当なら、退部しても勉強が向上しないケースが多いことをよく知っている。

一般に、生徒の時間配分のエア・ポケットは、放課後から夕食までの間にある。クラブ活動をしていない生徒も、休息や趣味に使っている。長い間クラブ活動を続けていた生徒が、突然クラブをやめて、その時間に帰宅しても、勉強の習慣がついていないから、何にも集中できず、虚脱の状態になってしまう。無理に退部させてみたところで、さして勉強への意欲や習慣の面で、プラスにはならない。精神的マイナスの方がはるかに大きい。

時間に区切りをつけて集中

長女の場合は、中学校では陸上競技、高校では美術。百人一首カルタ、古典を読む会のクラブに入った。対外試合に出ると負けだったが、打ちこんで続けていた。種目では八十メートル・ハードルであった。ピアノ、バレエ、フィギュアスケートと並べてみると、共通する点は、リズム感ということである。いかにも女の子らしい選択と言えるが、将来の進路にも側面的に役立つ選択であったと言える。

次女の場合は、中学校・高校と一貫して軟式テニス部に入った。対外試合に出ると負けである点まで一貫していたが、熱中のしかたは常軌を逸するほどだった。朝起きの理由が、なわとびとラケットの素振りの時間を作るためなのである。

帰宅時間は、まず午後七時である。午後九時以後が勉強時間ということになるが、テレビがないのだから、よだれひきの起こる心配はない。親の方も十二時ごろまで原稿を書いていることが多い。「勉強せよ。」などと親が言わないでも、習慣がついているから一切、心配はいらない。明くる朝、起きられなくなるから、しかたなしに就寝するという程度のものである。集中して持続すると、何とかこの程度でも時間は足るのである。

長女の場合は、高校三年秋の文化祭が終わるまで、次女の場合は、高校三年の夏前、地区予選の大会が終わるまで、クラブ活動を続けた。それ以後も、遊び程度にはクラブに顔を出していたようである。「やりたいだけのことは、みなやったという感じだな」と三年の担任の先生に、卒業前のころ、言ってもらった。

ドキュメント　四　宣言！

1　ピアノをやめて東大へ行く！

広大附属に合格した日

広大附属の合格発表は、二月二十四日だった。附属中から上がって来る生徒を除き、定員八十名のうち、女子は二十四名であった。広大附属中東雲からは、男子五人、女子三人が入った。

その晩、うちでは合格の祝宴のようなことをした。赤飯をたき、尾かしらつきの心ばかりのごちそうをして、みなで席をかこんだ。父や祖父は酒を飲むので、食事がおそくなる。長女と次女とはさっさと食べ終わって、所在なさそうに大人たちの話を聞いている。たいくつした次女が、ピアノのレッスンを忘れていたと言って席を立とうとした。

その時であった。長女がふらっとした感じで立ち上がったので、みながその方に注目して、一瞬、話がとだえた。

「もう私、ピアノのレッスンに行かない。ピアノはやめる。芸大には行かない。」

長女が釘を打ち込むような口調で宣言した。みながあっけにとられた。全く唐突な話で、しばらく誰も何も言わない。父がとりなすように言った。

「それじゃ、三年後、大学はどこに行く。」

「東大へ行く。他は受けない。」

長女はりんと張りつめた声で一気に言うと、席を立った。

しばらく、みなが絶句した。あわよくば芸大楽理科、などと長女も言い、親も覚悟して、ピアノを続けて来たのであった。大学の先生に払う月謝も、けたはずれに高かった。貧乏を質において無理をして来たつもりであった。何をどう考えて、広大附属に合格した日に、長女が宣言したのか、父も母も見当がつかなかった。

ピアノのレッスンは三ケ月近く、受験のためということで、お休みをもらっていた。その間に腕が落ちたことは明きらかである。それを気にしていたのかも知れない。数日たって、確認しても、東大文科三類に行くという長女の意思は変わらなかった。

結局、ピアノの先生の所ところへ、おわびを申し上げに父と長女とが出向いた。「せっかく目をかけてくださったのに、ご期待に沿えなくて申し訳ありませんでした。情けないお弟子でした。」と言って、長女は涙をこぼした。

次女が広大附高に合格した日は、あっけなかった。長女の東大受験がせまっていたからである。「合格していたよ。」と言って、発表を見に行った父と次女とが帰宅した。合格して当然みたいな平然とした感じであった。長女が東大文科三類に合格した日、次女が安田講堂の前で、「あんなに喜んでもらえるのだったら、私も行きたい。」と言ったことは、冒頭のドキュメントに書いた。

東大志望決定は高校入学前

合格して当然といった雰囲気になるのが、次女の不幸――合格が義務であるような心理的重荷になる――であろう。だから姉妹とも、東大志望を決めたのは、高校へ合格して入学する前ということになる。次女の場合は、理科一類である。

次女には「医学部に行くのか」という声が、だれかれからよくかかった。絶対に医者にはならない、とそのたびに宣言した。理由がふるっている。「私がお医者になったら、たくさんの人を結果的には殺してしまう。」幼いころ、おたまじゃくしを手でにぎりつぶしたのを、強くたしなめられたのが、こたえたのかも知れない。天体に熱中し始めたのが、中学校一年のころからで、ついに熱がさめなかった。

2　この感想文、かなりいける！

高校一年の秋の読書感想文

高校一年の夏の終わりに、学校図書館協議会主催の読書感想文コンクールに最後の挑戦をするつもりで応募した。本来なら、高校三年になって思考力も深まり、視野も広くなった時分に、全国入賞する可能性は高いが、受験勉強とのかね合いから言うと、高校一年の方がよい。小学校時代から長女は、県コンクールで度々入選して来たが、全国審査にノミネートされたことがなかった。

対象には『法隆寺を支えた木』を選んだ。課題図書という部門は、その一年間に出版されて、まだ誰もが一度も感想文を書いたことのない対象を取り上げるのである。本文は後に掲げるのでこまかい説明は避けるが、法隆寺建立に使われた桧が日本古代の文化創造に果たした役割を説明した文章で、いわば「木の文化史」のような内容である。例によって長女は克明なノートを作って、父と議論をくりかえした。

九月の初めに、学校の図書館に提出した。国語の担当の先生に読んでもらって、二単語ほど字句を修正したら、という助言をいただいた。図書館では、「コンクールに応募するつもりで書いたのだろう」と先に言われた。「そうです。協議会に送ってください。」と言った。

その話題が家でのぼった夜、父は「どんなのを書いたのか。」と長女にたずねた。長女はコピイの原稿を父に読ませた。父は時間をかけて読み、ふうん、と一言。待っていた長女がだしぬけに「これ、かなりいけると思わない？」と言った。有無を言わせない、全国入賞をにおわせた宣言の響きがあった。

あとは速射砲のように自己評価の言葉が出てきた。教育論でおさえたところは、通俗的にすぎる。宮大工の人の体験から割り出した言葉に、すごみと重みとがある。建築工学の専門家の科学的立証の克明さに参った、などと説明した。そして「かなりいけると思うんだけど。」と評を求めてしめくくった。父は以前に、県コンクールの審査をつとめたことがある。全国入賞作品も読んでいる。それらと較べてどうか、と言うのである。

毎日新聞社賞入賞を予言

「全国コンクールより前に、まず県審査で、全国審査に推薦する県代表に選ばれることの方が問題だな。この本自体が地道な内容だから、いくら論理をつくして書いても目立たない。審査員の中には、文章のできよりも、感銘度を重視する人もいるからね。まず県代表に選ばれたら、全国審査では入賞する。ただね、全国審査になると、独自の体験を押し出して書いている人もいるからね。まあ、広島県代表で、十年ほど前に内閣総理大臣賞になった人が、広大附属の先輩にいるけれど、ここ十年は入賞もしていない。いいところ、毎日新聞社賞、まずくいっても学校図書館協議会賞というところ。ズバリ、毎日新聞社賞。」と父は断定的に答えた。

十二月初旬に県代表に選ばれた。評論文を感銘度で評価するような偏見を、まずははねのけたということである。県審査の表彰式で、もうひとり予言を的中させた人がいる。当時の県教委の国語担当の指導主事である。父の知人で、「ひょっとしたら」と父に耳打ちしたのである。翌一月に全国審査の発表があり、毎日新聞社賞に入賞した。

コンクールなどという水ものの行事で、予言を的中させるなどとは、普通は考えられない。しかしあたるものは当たる。偶然でも幸運でもない。

二つの表彰式の日

全国コンクールの表彰式が二月初旬、東京の九段会館であった。上京したついでに、駒場と赤門とを見学しておこうと言って、まわっていてうっかりリハーサルに遅刻した。表彰式には皇太子殿下、妃殿下がご臨席になる。レセプションで入賞者の間を巡回してこられて、皇太子殿下のご下問に、長女もひと言ふた言、お答えした。父がその状景を写真に撮った。著者のかたも出席されて、長女はサイン入りの本を改めて記念にいただいた。

ほぼ一年後、広大附高でアカシア賞をいただいた。全国大会入賞者を、学校独自で表彰する制度である。受賞者は全校生徒の前で短い演説をすることになっている。学校の文化的伝統にはぐくまれたことに謝意を表し、文化活動の隆盛のために微力を傾けて努力したいという内容を、長女は語った。

第九章　高校交友録
——連帯の基盤の上に

1　主体的親友は高校時代にできる

幼な友達に打算はないけど

友達の範囲にもいろいろあって、友情の様相にもさまざまある。ここで人生論的友情論を展開しようとするつもりはない。多くの本がでており、それぞれにうがった見解を述べているから、原則的には異を立てるまでもない。ただここで、主体的な親友の関係が、利害を離れて、比較的純粋な感情のままで成立しやすいのは、高校時代であるということを、前提としてかかげておくことができれば、満足である。

幼な友達は、文句なしになつかしい。しかし何か、気はずかしい感じがつきまとう。萩原朔太郎という詩人がおもしろいことを言っている。「あのバカを日本一だと江戸でいい」という川柳を取り上げて、日本を代表するような偉人でも、故郷の人たちは幼ないころ鼻たれだった時分のことを知っているから、過小評価してばかにするというのである。

すぐれた詩を書いた自分が、故郷の前橋では放蕩息子とばかにされるのに腹を立てて書いているところが、おもしろい。そのくせ死後になると、故郷が生んだ文豪などと過大評価して「その前で香をたいている」という人情の機微については、芥川龍之介も皮肉っぽく『侏儒の言葉』の中に書いている。

言ってみれば、幼な友達のおとなになって会う気はずかしさは、幼時の愚行を知られている点から生じるのであろう。久しぶりに合って、「元気か」などと互いの肉親の安否などを問い、なつかしい思いをする瞬時が過ぎると、職業・趣味などの共通な人は別として、話題に詰まってしまうことも多い。

成人後の友人は現実的だ

　大学時代や職場の関係で親しくなった友もまた、生涯の友と言った間柄になる場合は多い。専門分野での良きライバルともなって、協力して事に当たったりする時、つくづくと良い友を持ったという思いが深い。年令が離れていても上司と部下という関係を越えて、心からの信頼が美しく成立することもある。必ずしも利害損得がからまって、ぬきさしならないという場合だけではあるまい。

　ただ二十歳過ぎて知り合った者同志には、どこかなまなましい感じがある。例外はいっぱいあることを承知で言うのだが、何となく物が見えすぎ、打算がからまるとまでは言い切れないが、純粋無垢とも言い切れない。恋愛関係についても、二十歳過ぎて会った男と女との間柄に、まず打算を度外視して純愛は成立しがたい。結婚するか、悔いを残すか、どちらにしても現実的で、なまなましいのである。

高校時代の主体的な純粋さ

　それを逆手にとれば、高校時代に信頼し合った仲間というのは、打算がからまない気安さをあって、なまなましい感じになることも少ないのではあるまいか。主体的な判断にもとずきながら、純粋さがあって、気さくに支え合うことができる。

ただ、同窓会という会合は、何となく気が重い。卒業後、縁の切れた人も多いからかも知れない。とりわけ自分の商売の宣伝を本気でする奴と、収入を誇る奴とは鼻もちならないが、ひと晩だけ飲むくらいなら、我慢できなくはない。在学中の恨みもつらみも、現在の生活に直接響いて来ないだけの距離がある。

最近は高校の同級生同志で恋愛の末に結婚している人も多くなったから、必ずしも一概には言えないのかも知れない。学生時代の愚行を知られているのが気はずかしいなどという感情そのものに、見栄をはる根性がまるだしになっていると言われるかも知れない。しかし裏返しにして考えてみると、主体性を持って信頼しながら、相手の欠陥が見えない程度に純粋だったと言えるのではあるまいか。

亀井勝一郎という観念主義の権化のような人の言うところによると、高校時代は自我の確立がなされる青春の重大な転機であって、はじめて主体的な友人関係が成立する時期だと思う。理屈で言えば、そういうことになる。

打算なしに弱さをかばう

数多い友情論のなかで異彩を放つのが、短い文章だが、倉橋由美子さん「親友」である。結論から言えば、今まで親友とよべるような友達は持ったことがない。持つべきでもない、と言う。相手にべったり頼り切るのは、独立できない精神的欠陥の持ち主だとする。「君子の交わりは淡きこと水のごとし。」という名句を引用し、そのつど、その時の「良き友」がいればよろしく、「相手に多くを求めすぎない節度のある交わり」を理想とする。

その根拠として「人間はまず一個の自立した人間として強く生きることを心がけるべきだ。」という見解をかかげ、体験的に「親友」を持たなかった理由として、「他人には踏み入ってもらいたくない自分だけの一定の領域を護りながら、つき合う方が結局は気楽だったから。」を挙げている。肉親の場合も例外ではない、と言っている。

この程度に主体性が強ければ、そうなるだろう。もちろん倉橋由美子さんも、人間が本来、弱いものだとは認めている。その点に立脚すれば、互いに弱いところを許し合い、かばい合うことで、親友関係は成立することになろう。あるいは夫婦の場合にも、その点については同じであろう。弱いからと言って捨ててみても、傷つくのは自分の方である。

弱さをかばい合いながら、打算もなく、純粋に、「相手に多くを求めない節度のある交わり」は成立するのである。高校生同志なら、相手に多くを求めても、支え切れるほどには強くないからである。「自分だけの領域を守る」気持ちを公平に見れば、相手に無理強いをする気にはなるまい。カチアゲ（脅迫）をするような人種は、実は、相手に頼ろうとする主体性の弱い人間なのである。

2　生徒会活動はたいくつしのぎ

生徒会活動と大学受験勉強

高校生の交友は、まず基本的にはクラス内で始まり、クラブ活動を通して拡大され、生徒会執行部の活動を通して全校的なものにある。クラスのリーダーということでも、たいへんな仕事と言えるが、生徒会活動の中心になって活動するとなると、大仕事を引き受けることになる。

高校の生徒会活動は、一般に不活発なケースが多い。口ではマンネリズムの打破をうたって執行部役員に立候補する生徒がたまたまいても、全校生徒の反応はあなた任せの無関心であり、いくら笛を吹いても踊らない。当初の意思もしぼんで、無気力になってしまう。

この現象をとらえて、大学受験勉強のせいだと短絡してしまう傾向がある。まるきり大学受験勉強があるばかりに、生徒会活動やクラブ活動が活発になくなるなどと、目のかたきにして非難する。それでは、大学受験勉強がないと、生徒会活動が活発になるのだろうか。そうとは思えないのである。

大学受験勉強がなければ、という仮定そのものが、現行制度を無視したつける薬のない楽天主義的発想にすぎない。大学受験勉強があるばかりに不活発になるなどという主張は、死ななきゃなおらない悲観主義的発想である。

この点についてもケース・バイ・ケースであって、一概にくくれないことを承知で言うのであるが、受験勉強のために生徒会役員に立候補するのをやめる程度の人種なら、かりに立候補して当選したところで、スケールの小さい、ろくな仕事しかできない。逆に、受験勉強を犠牲にして浪人を覚悟しても、悔いのない青春を送るため生徒会活動をしようなどという悲愴な観念論者が役員をするから、一般生徒から浮きあがってしまって、笛吹けども踊らずという状況になってしまうのである。

高校生のやることだから、生徒会長とかになるのは、むろん名誉欲や権勢欲が動機ではない。もしそうであっても、まだしもさきの悲愴な観念論者よりもマシであって、卒業後、同窓会組織を動かして市議会議員にでもなろうというのなら、ほほえましい楽天主義者である。

最もすぐれた仕事をする生徒会長の立候補の動機は、本人が自覚するとしないとにかかわらず本質的には「たいくつしのぎ」である。誤解してはいけない。決しておもしろ半分にふざけているのではない。ブレーンといっしょに仕事をするのが、まじめな意味でおもしろいからである。

生徒会役員はお人良し

ある意味では、生徒会役員になる人は、お人良しである。決して上に馬鹿がつくお人良しではないから、馬鹿にしてお人良しだと言っているのではない。他人に仕事を押しつける程度のずるさや、はまりこんで自分を苦しめるような愚かさを避けるだけの賢明さは、持っている。

生徒会役員選挙のしくみは、学校によって違う。しかしどんなしくみになっていようと、選挙前から「組閣」ができていることが多い。友人関係でブレーンを組むのだから、適材が適所にはまるし、気持ちの上で無理がない。「お前が生徒会長に立候補せよ。」と指名されて、「それじゃお前が副会長だ。だれそれを○○委員長に頼もう。会計は美女がいいな。全部任せるから、良いようにやってくれ。会長のおれは何もしないぞ。」などと、笑って受けるのである。

少なくとも娘ふたりが行った高校では、そんな雰囲気だった。だから生徒会活動をして東大に合格したところで、「両立させた偉い奴」ということにもならない。落第しても「生徒会活動をしたため」などというひきょうな責任転嫁をする愚物はいない。「たいくつしのぎ」をするのに大学受験勉強など何の関係があろうか。

ただ、広大附高は、体育祭など学校行事の準備段階に、むやみと時間・労力をかける風潮がある。仕上がりは派手で、目を奪うばかりだから、「さすが。」などと卒業生や保護者は喜ぶが、担当する生徒の責任者は、たいへんなことになる。多かれ少なかれ、自分の勉強時間に相当のロスを覚悟しなければならない。

体育祭の前日など、先生には隠して係の男生徒は泊り込みで作業をする。朝四時に「近所」からおにぎりのさし入れがあるのが恒例だ、などという話も伝わっている。ほんとうかどうかは確かめていないが、そうなってもふしぎではない気風がある。「日・祭日にも登校して準備に没頭するのが伝統だ。」などと吹きこんだりする先輩の言葉を、真に受ける係の責任者がいたら、担当者のなかには困る人も出てくる。

任務をこなしながら自分の勉強時間を確保するのが、口で言うほど簡単ではない。作業や練習そのものは、手際よくやればそれほど夜遅くまでかかるものではない。作業・練習の間や、その後に続く「雑談」の時間ばかりが延びるのが困る。

「雑談」に加わらないですぐ帰宅するというのも、なかなかむつかしい。遅くなる理由を「雑談」とは弁解できないから、「作業や練習」が理由に使われる。自分のペースをくずさずに、仕事を平然とこなして行くためには、いろいろ工夫がいる。

仕事を引き受けるコツ

長女が高校二年になる時、文化委員長の指名がかかった。長女は一言のもとに就任を拒否した。そして自ら生徒会執行部の書記を引き受けることにした。

こんなところに、意外な役目があることに、ほとんどの人は気づかない。具体的な仕事はひとつもない。仕事と仕事との連絡・調整をして、あとは生徒会室の掃除をして、午後五時すぎにはさっさと下校するのである。

「あなたら、男だから三年間は優雅に遊んで、一浪して東大に入ればいいけど、私は女だから浪人するわけにもいかないんだから。」というのが、長女の立てた論理である。大学受験勉強に対する世の妄想を逆手にとっている。そして生徒会全体の動きは、寸分あまさず全部つかめる位置にある。「これくらいおもしろくて、時間が節約できるポストはない。」というのが、ホンネである。行事が終わって、「打ち上げ」と称する親睦会には、出席して会費を払って、早く帰宅すればよかった。

次女の場合は、口が悪くて、姉に輪をかけたお人良しである。三年の夏前に、体育祭の小道具担当の責任者に指名され、断り切れなくなった。就任を依頼に来た組長の男生徒に向かって次女が言った。「午後六時になったら、自転車の荷台に私を乗せて、駅まで毎日送ってくれるか?」「送る。送る。約束する。」相手の方がもっとお人良しだった。

3　女がほれたら学業はつぶれる

修学旅行の時などに、男女のペアができる。相手がいないとミジメなのだそうだ、おとなの目から見るとほほえましい程度のものだか、生徒としては重大問題である。

ほれるとはボケルことだ

一般に、ほれることは、ボケルことである。「惚れる」という字は、「恍惚」という語もあるように、良く言えば、「うっとりする」ことだが、原義はボケルという意味がある。「ほれて忘れたること」などと古典にも使う。古文で「あこがる」という語は、魂が体を離れてふらふらとさまよい出ることである。

「恋」という字の旧字体は「戀」であるが。原義は「糸がもつれてわけがわからなくなる心」の意味である。若い身空で、糸がもつれてわけがわからなくなった心が、ふらふらとさまよい出てボケルのでは、たまるまい。

進路指導担当の高校教師として断言するが、女がほれてしまったら学業はどか下がりになる。口上では互いにはげまし合ってなどというが、そんな弁明が通用しないことを知っていないのはのぼせている本人だけである。男の場合は、必ずしも学業がおろそかになるとは限らない。女の場合は、例外がない。

高校生の娘を持つ親が、娘が特定の男生徒にほれてしまうのを防ぐ最も有効な手段は何か。まず、ガンと同じく早期発見であるが、未然に防ぐ方が良いに決まっている。その方法のひとつは、娘のまわりにいる男生徒の写真を見て、それぞれにすべて、こっそり手ひどいアダ名をつけて、徹底的に娘をからかうことである。

もちろん、学校では少なくとも、よく話をする尊敬すべき男生徒だから、娘の親としてその相手の男生徒を軽蔑しているわけではない。娘がほれてしまわないよう防止する手段として、しかたなしに使う手法である。だから、娘には「言うなよ」と念を押すのだが、念押しをしなくてもまず、娘が言うことはあるまい。

しろうるり、獏、アテ馬、悟浄、平目、鼻蔵、便所下駄、ダテ狼、トランプ使い、あなぐま、宇治金時、うらなり、野だいこ、パセリ、北海道の熊襲、どんがめ、青がっぱ……。枚挙にいとまがないが、時に古典的由緒のあるものがある。百科事典か古典文学を読んで、興味のある方は確かめてほしい。

何でもよいのである。男の子は割と学校のことは親に話さない。それなら放っておいてよい。

娘は好意的な感じを持った男生徒のことを隠し切れない傾向がある。隠し始めたら、もう末期的現象が起こっていると判断してよい。早めに察知するために、テレビのナイターなど見るのをやめて、娘に学校のことを話させるのがよい。そして娘の言い分をよく聞いてやるのがよい。「あのくん、あれでなかなか偉いのよ。」と娘が言う。「そうだろう。なるほど。しかし所詮は、しろうるりじゃないのか。アハハハハ。」それでよい。

年ごろの娘の父親の役割

娘が娘になって来たら、父親の役割が重大になるということの意味は、このあたりにある。将来はまた別にして、現に、父親よりも同級生の男生徒の方が頼もしいと娘に思われてしまうようでは、もう父親なんてのは娘にとって目の上のタンコブにすぎない。金だけ出してくれたらよいと考えるのは、もう少し成人してからのことである。高校生の娘には、まだ頼もしい父親のイメージがある。自分の父親の欠点を、娘はよく知っている。へたに強がらない方が良い。

遠足の帰り、解散した後に、しろうるり君の家に招かれたと長女が言う。ひとりというのが気にはなったが、帰宅予定の時間まで言うので、信頼して、手みやげを持たせて行かせた。帰ってから長女が、「おやつに何が出たと思う?」と母にたずねた。あっと気づいて母が「焼いも。」と答えると、長女が驚いて、「どうしてわかったの?」と聞く。

母は、「あんたが、何が出たと思うか、なんて聞くからよ。」と答えた。近頃の若者にはかえって珍しかろう、という考えに立ってのことだと、父も母も判断した。「さすがに。」という話になって、大笑いになった。当のしろうるり君は照れてしまったが、慰めてあげて「おいしい。」と心から言って、いっしょに食べたのだ、と長女は言った。

「よかろう。」と父が言った。「古典的だな。飾りけのない気さくさが気に入った。しろうるり君も含め、みないっしょに、ごっそり合格すればいいと思うよ。」

4　親衛隊おおいにはびこる

親子の断絶は価値観の相違

親子世代の断絶が叫ばれてから、久しい。親の考えを押しつけると、子供が反発する。子供は親が自分の考えを理解してくれないと言う。この考えの相違は、価値観の相違を根底にしている。親子世代の断絶は、この価値観の相違を放置するところから生じる。

価値観というのは、どういう物事に高い価値を置くか——何をすばらしいと思うか、何をつまらないと感じるか、という考え方、感じ方のことである。

価値観については、仲の良い夫婦でもかなり違うことが多い。決定的に違えば、性格・思想の不一致という理由で、離婚に至る。いくらかは違っても、少なくとも子供の前では、大まかなところが一致していなければ、子供を説教してもさっぱり効果がない。

価値観の相違は、子供が親の考えを「古い」と決めつけ、子供の考えを「新しい」と独断する形で示されるのが普通である。この時、親が、子供の幼ない時から、子供を説得できていることが、実は望ましい。

親が「古い」と子供に言われた時、「古いものにも価値がある」ことを説得し、子供に納得させることである。子供が自分の感じ方を「新しい」と主張する時、表面の現象だけにとらわれると新しいように一見、見えるが、実はそれは「珍しい」にすぎない、ということを、親が子供に説得し、納得させることである。

現に、「珍しい」ものは、古典的な基準を持たないから、アイドル歌手のようにすぐ、あぶくとなって消える。本当に「新しい」ものは、その根底に、一見「古い」と思われやすい古典的基盤を明確に持っている。押しつけでなく、子供を納得させておくことによって、価値観の相違はずいぶん少なくなる。

たとえば、いわゆるクラシック音楽とジャズやロック。わかる、わからないの問題ではない。好き、嫌いの問題ではない。そこへ話を持って行くのは、論理のすりかえである。あるいは、美術館の絵画とマンガやアニメーション。親が一方的に子供の感じ方をけなせば、子供も親の無理解に反発するであろう。

相対的で視野の広い価値観を、まず親の方が養えば、偏狭に傾くことはない。趣味の相違などという次元で、子供と妥協してはいけない。「古典的なものの価値を知らない者に、それを非難する資格はない。」ということを、子供に思い知らせる形で、徹底的に親子で議論するのが望ましいのである。

専門科の卵を尊敬する

「交友論」について述べるに当たって、価値観の問題をとりあげたのは、価値観が主体的な友人の選択に大きな影響を与えると判断しているからである。

高校生くらいになると、それぞれどの道にも、恐しくくわしい専門家の卵みたいな友人が、何人かクラスに必ずいる。その友人たちを、それぞれのスペシャリストとして尊敬するようにしむけたい。ただ、一方に偏狭にならず、せつなの娯楽といった次元にとどまらない相対的な価値観のバランスを失わないように、親が注意を怠らないことである。

多数のスペシャリスト、言いかえればライバル連中と親しくすれば、と父はいつも娘に言った。いろんな分野で、それぞれにすばらしい専門家の卵がいる。お互いの力量を認め合い、弱点をかばい合う空気を、常に身のまわりに作っておくべきである。

数学ならA君、B君。英語ならCさん。音楽ならDさん。美術ならE君。それぞれの分野でリーダーが応対的に変化しては、いろいろな分野で協力して、水準の高い領域を開拓して行く。男女にかかわらず、そこにはお互いがお互いの親衛隊とも呼ぶべき集団ができ上がる。

気をつけておきたいことは、ある特殊な分野にだけ価値を認めるという偏狭さが、必ずドロップ・アウトの閉鎖グループを作るということである。「勉強そのものにはたいくつしている」という狭さを持つと、バイクとロックとにしか価値を認めなくなる、ということなのである。

価値観の多様な時代には、自らが多様な価値観を持つほかにない。親衛隊は個人の崇拝グループということではない。それぞれが自分の得意な分野で、できることをブレーン連中に貢献する形でするということである。長女の場合も、次女の場合もそうであった。たとえば、模試の日のおやつに、前日は半日もかけて、クッキーを自分で焼き、馬に食わせるほど持って行ってブレーン連中に配給する。昼の時間には、たちまち男生徒が寄って来て、一人に二つずつしか行き渡らなくても良い。そこでかもし出された連帯感が、お互いの向上心を支え合い、東大への集団受験といった雰囲気も作り上げて行くのである。

コース　四　高校教育論

1　まず生徒指導の充実

生徒指導が学力の根底

教育の荒廃が叫ばれて以来、素人の教育論が盛んである。ひとつひとつを見れば、もっとものようであるが、たくさんの議論がかみ合わないまま、ばらばらに発表されている印象は、ぬぐえない。一方、体系的な教育学者の論文も、一般にはあまり読まれていないようだが、多様な論調を展開している。

ここでそれら多くの見解を整理したり、反論したりするつもりはない。ただ、世論では、進学一辺倒の教育が、授業のわからない生徒を非行に走らせているという、極めて短絡的な見解が強いようである。表面の現象だけ見ると、そのように見えるのも無理はない。

非行に走る生徒の言い草をそのまま信用するかぎりにおいて、その通りである。したがって、学力をうんぬんする前に、日常の生活習慣を正し、規律正しい生活をするように指導すべきだ、という立論は成立する。

だが、それでは不足なのである。学力と生活指導とどちらを重視すべきか、という観念的な意味での二者択一論に陥っているからである。「学力」を試験の点数に、「生活指導」をしつけのことに限定してしまう偏狭な考え方がそこにはある。

本質的に言えば、「学力」とは知識や技能の意味でなく、知識や技能を使いこなして、生きる力そのもののことを言う。したがって、真の意味での学力をつけるためには、その根底に、規律ある生活意識の拡充がなければならない。

自分の生活を拓いて行く力

生活意識を拡充するとは、ただに非行などの問題にとどまらない。世間は派手に報道される面ばかりにしか目を向けないが、学校の現場で実践している日常的な生活指導は、実に地味で、深くこまかく、継続的なものである。服装・遅刻・言葉づかい・あいさつから、物品を大切にすることまで、幅広く全生活面にかかわる。勉強の習慣をつけえることも、当然含まれる。

文章がきちんと書けない。自分の考えが適切に言えない。論理的なものの判断ができない。こんな些細なことひとつとりあげても、「よりよく生きる」ことにはつながって来ない。その根底からの考え方を、ひとつひとつ押さえて行くのが、学力の養成なのである。授業ばかりが学力をつける場ではない。授業を通して、「よりよく生きる力」をつける過程が、つまりは学習ということなのである。

ある時、東大生が盗みでつかまり、「黙ってちょっと借りただけ。」と弁明した。それを報道したアナウンサーが、「東大生が盗みをしたというより、盗人までが東大に入るようになった。」と言っていた。入試に合格するためだけの学力など、学力の名に値しない。文化創造を見すえた学問のあり方は、生活意識の充実を基盤にすえなければ考えられない。

2　幅広い文化創造の体験

価値観の創造とその拡充

「なんでもいい、一生懸命やってくれたら」という親の考え方には、賛成できない。わが子が麻薬と乱交パーティーばかりに熱中したら、反対するだろう。要は何に価値を置くか、価値観を自ら創造し、拡充して行けるかどうかに、問題はかかっている。

教科・科目について言えば、だれでも得意・不得意はある。全教科ともに良くできる生徒なんてのは、まずいない。その時、できない分野のことを、「あんなことをしてもツマラン。」というすりかえで、あきらめて逃避してしまうことが問題になる。ホンネから言えば、「できるようになりたいのだが、できない。」であるはずなのだ。「できるようになりたい」とは、その価値を認めていることである。「あんなことをしてもツマラン」とは、価値を認めようとしないことである。この差は、決定的である。意欲とか、努力とかに問題はかかって来る。

とくに近年、価値観が目先きの利害損得によって左右されている風潮が強い。この風潮は、大昔からあったことで、今さら目くじらを立てるほどのことでもないといえば言えるが、とりわけ「知らないことを恥じる」思想は、現今、かげをひそめているように思われる。「わかっちゃいるけど、できない」などと、あちゃらかでケリがつく。

受験科目にないからと言って、ある教科をないがしろにすることの、実は長い目で見れば重大な損失に気づいていない。将来の専門分野につながるという理由で、ある教科に重点を置く、ということはある。しかしどんな専門分野を選んでも、高校で授業をする内容で、全人格的な教養を身につけることにつながらないものはない。

幅広い教養を身につける

「流行歌手や野球選手の名前は知っているが、勉強は全くわからないし、やる気にもならない」という人に聞く。あなたの将来にとって、強くたくましく生きるためには、どちらがたいせつか、と。答はわかっている。自分が弁解にもならない論理のすりかえをして来たことが、自覚されよう。「勉強は好きだが、ロックは好きでないという人がいるとして、その人とキミとどちらが教養としての偏狭さを持つと思うか。」と追いうちする。「五十歩百歩、どちらも狭い。」と答えたら、誘導質問にひっかかってしまったのである。「キミの方がはるかに狭い。」が正解である。

教養とは、断片的な知識を持つことでは決してない。いかに博識であっても、その知識が自分の主体的な価値観によって有機的に統合されていなければ、教養とは言えない。クイズ番組で入賞するような知識の持ち主を、決して教養ある人間とは言わない。

むろん、学歴のあることが、知識人の資格にならないことは自明である。学歴を持たない人にも知識人・教養人は多い。ただ、その場合、専門分野を通して、深い洞察がその教養を作ったということは、論をまたない。

クラブ活動や文化祭・体育祭・遠足など、学校行事についても同様である。「あんなことをしてもツマラン。」という意識が問題である。遠足の日の朝、「泊りがけの遠足ってあるのか。」と保護者から学校へ電話がかかったことがある。サボリ仲間で麻雀をした方がおもしろい、という価値観自体が、自らの生涯をスポイルしていることになる。

3　職業観の確立と進路の展望

批判は創造の出発点である

価値とは、古典的な文化遺産を継承し、新しい文化創造に資するものだ、という点は、いかに多様化した社会のなかでも変わらない。古典的なものを「古い」と言って無批判に排斥してしまう考え方からは、新しい文化の創造力は生まれない。

情報化社会のなかでは、ハンランする情報を批判し、情報にあやつられる自分をこそ、いちばんに批判することが欠かせない。知性とは、人々が信じこませられているある考え方の真理性を批判する能力のことである。自分に何ができるか、何をすべきかを内省することが、自己確立の出発点である。

全生涯の見通しに立って

職業というものを、ただに自分が豊かな生活をするためのものとだけ考えるのは、視野が狭い。盗みをしても豊かになり得るからである。社会の進展に寄与・貢献できるという観点から、職業を考える時に、幸福・生きがいとしてとらえることができる。どの道に進むにせよ、そうした職業観を確立することが先決である。その基盤に立って、自分が今、何をしなければならないか、何ができるかを考え、将来の希望進路を決定するのが、高校教育の大きな目標のひとつである。

現今のような時代になれば、見通しは実に立てにくい。しかし後で変更せざるを得なくなった時に、また改めて考えなおせば良い。当面、生活習慣の問題から学力の面まで、総合的な意味での生涯の見通しに立って、自らの進路を自ら開拓して行く基礎になる過程が、高校の三年間でありたい。

第十章　塾・予備校論

——無用論あるいは頼りにしない使い方

1　塾ばやりの弊風は止まらない

原則的反対は全く無力

子供の塾通いがよくない、という世論がいかに高まっても、塾ばやりの風潮はちっとも改まらない。改まるどころか、ますます隆盛に向かっているように見える。ＰＴＡの会合で口をきわめて塾通いの弊害をまくし立てた母親が、いざ自分の息子の受験となると、子供が行きたいと言う、友達も行くとかと称して、率先して塾へ行かせたという話は、すでにあふれている。

学校の教師が自分の担任の生徒の保護者に、塾へ行かせるのは良くないと説明するのは、立場上わかるが、その教師の息子も塾に通っているといった様相なのである。

一方、さして塾通いに抵抗を示さない親の息子が、塾へ通っていない場合も多い。結局は、塾へ通わせても有名校へ行かせたいと考える人の数は、それほど多くないのに、目立つから「バスに乗り遅れたくない」心情を助長するというのが、実情なのかも知れない。

だれもが塾へ行く、予備校に通っているなどというのは、当の塾・予備校側の宣伝であって、実際には家庭教師や近所の人に勉強を見てもらっている人を含め、意外にその人数は少ないというアンケート結果が出ている。また、そのアンケートは、学校で実施したものだから、先生へのてまえ、塾通いをしていると書けなかったのだ、という見方もある。

たてまえと本音とは違うとか、原則的には反対、わが子の場合は賛成などといった錯乱は、枚挙にいとまがない。高校で進路指導を長年手懸けてきたベテランが、ここでまた、いくら塾・予備校論をしたところで、目のくらんだ親には聞いてもらえないだろうと思うと、気力が失せてしまうような気がする。

塾・予備校は必要悪か？

誰でも自分の子供が落第するのは嫌である。塾・予備校に行かないで、合格してほしい。合格の保証がない以上、わらにもすがる思いで、高い費用を出しても何とかしてやりたいというのが、愚かな親心である。「長い人生に、落第の体験も貴重である。忍耐力や根性が身についた」などというせりふも、見方を変えれば、一種のあきらめ、慰めの言葉にすぎない。

しかたがないから塾・予備校へ行かせる、と考える親は多い。しかし、高校現場の進学指導と塾・予備校の機能とは、全く異質なのである。

ひと口に言えば、高校での進路指導は、豊かな社会生活を自ら開拓して行くために、人格を高め、将来の志望進路に対応できるだけの学力を身につけることを、全生涯的な視野に立って見きわめることから始める。それに対し塾・予備校の場合は、それらを前提にしながらも、ともかく目先きの志望校に合格できるだけの学力を伸ばすことだけに、集中して目標を置く。どちらが良い、悪いといった問題ではない。

いわゆる進学有名校で、大学合格だけを目標にかかげて、全人格的な陶治の面を軽視する傾向があれば、高校教育の予備校化という憂うべき状況が生起することになる。それぞれの目標に合致したあり方を貫くことは、当然の必要と考えるべきなのである。

だから、浪人していて、いわゆる宅浪——塾・予備校へ行かずに自宅で勉強する——は、絶対に勧められない。だからと言って、学校在学中から塾・予備校に入りびたるのも、さして勧められることではない。とりわけ、学校の授業をないがしろにして、塾・予備校を崇拝するなど、本末転倒もはなはだしい。

2　勉強習慣がある者を行かせるな

ある予備校の実態

これは娘の場合でなく、ひとつの一般的なケースである。友達がある予備校の夏期講習に行くというので、自分も行くと言い出して、親がやむを得ず子供を行かせることにした。テキストを渡され、開講日までに予習をして来いと指導されたので、その子は勉強の習慣がほぼ完全なまでについていたから、短期間のうちに、講習の二週間で使うテキストの予習をすませた。講習の最初の日に、最優秀のクラスで起こった事件とも言える話は、こうである。

数学の担当講師が講習のはじめに、予習の大切さを説教して、何ページまでかのテキストの問題を予習して来たかと問うたところ、して来ていないという生徒が多かったので、あらかじめその問題集を今から自分でやってみよ、と指示した。その時、今、話題にあげているその生徒は、「何ページまでではなく、数学テキスト一冊、全部予習して来ているのですが、私は今、何をしたらいいですか。」と問うた。

講師は「それなら他の教科、数学か英語のテキストの予習をしてもよい。」と言った。「英語も国語も一冊全部、予習して来ているのですが……。」「それなら、数学のテキストの解答を確認してみることにします。ほかの人は数学の予習をしていてください。」

解答を調べてみると、数学のテキスト二週間の講習で使う分量のすべてにわたり、二ケ所のケアレス・ミスがあっただけで、あとは全部きちんと解けていたというのである。予備校の講習なんかに行かせるのではなかった、とその親は語った。

塾・予備校へ行くマイナス

要するに、塾・予備校の実態なるものは、その程度のことなのである。勉強が自分でできる生徒を塾・予備校へ行かせる意味は全くない。「自分でできる」というのは、学力的に傑出しているという意味ではなく、勉強の習慣がついているという意味である。習慣がついていれば、解答がすぐ出なくても、調べればわかることが多い。問題集程度なら、市販のものにもくわしい解答はついている。

とりわけこのケースは、問題集というものの欠陥があらわに示されたと言える。塾・予備校へ通う往復の時間の損失、費用の面を考えると、二重・三重のマイナスであることは明白である。その上、依頼心を助長する。この点が最もひどいマイナス面である。

3　問題集や参考書の欠陥

問題集自体に欠陥がある

教科書とは別に問題集を学習することは、学校の授業でも行われている。応用問題などの必要性については、言うまでもない。ただ、問題集を学習することと自体について、多くの誤解があることを指摘しておきたい。必要でないとは、もちろん言っていない。同時に、万全でないということを、知って使う場合と、頼り切って使う場合とで、大きな差が出ると言うのである。

良い問題集とあまり良くない問題集がある、ということを言いたいのではない。もちろん、それはある。だから問題集を選ぶ場合には、慎重に検討しなければならないことは、言うまでもない。自分の学力水準に適当な、分量も残さなくてすむような、さまざまな観点があるから、実態に即したものを選びたい。それは当然として、問題集というもの自体が、いかにすぐれたものであっても、避けられない欠陥を持つ。

問題集の本質的な欠陥は、当然のことながら、すでに問題が提示されているところにある。問題として出題されていない箇所にも、学力の基礎をえぐる発問ができる。学校のすぐれた教師なら、生徒の実態に即して、そういうところを見落とさない。問題集は実は、そこを見落としている場合が少なくない。

この点はたとえば、同じ素材の出題文で、問になっている箇所が違う場合があることを考えてみれば、すぐわかるはずである。それなのに、問題集を学習する生徒の側は、出題してある問が解ければ、その素材全体がわかったような錯覚に陥ってしまう。模擬試験でも同じだが、正解が出れば学力がついたと錯覚して、安心してしまうところに、落とし穴があることに、気がつかない。

対策はまことに簡明に立てられる。すでに出題されている箇所以外から、自分で問を作って、自分で解く。回答としてあるところを出題文に変えて、たぶん今、問になっているところを答として導く。要は、ありとあらゆる形の応用問題を予想する形で出せることである。それが真の意味での応用問題だと思うのだが、いかがであろうか。

難問・奇問で脅迫される

塾・予備校でもテキストには、当然のこととして問題集を使う。受講していれば、自分には平易すぎる問題にも、いやおうなしにつき合わされる。問題集を学習するだけなら、自分には平易にすぎる問題をとばして、自分の学力に相応した問題だけを選んで学習できる。時間の使い方を節約できる。塾・予備校で問題集を学習することの欠陥は、それだけではない。

とりわけ学力水準の高い塾・予備校にありがちのことだが、平易な基本を問う出題をすれば、学力水準の高い生徒にナメられてしまうため、重箱のすみをほぜくるような難問・奇問を出題して、この点ができていないということを、生徒に思い知らせようとする傾向がある。生徒の側もその問ができなかったということで、塾・予備校でものを教えてもらったような気になって、ありがたがる傾向がある。

難問・奇問を提出したテキストを使って、生徒をいじめ、しかもありがたがらせるところに、塾・予備校の営業政策がある。「うちは難問・奇問を出さない。」というところほど、実はあぶないのであって、大学入試引きうつしの問でなければなおさら、営業政策のにおいがする「自主製作」の問である。単なる知識の切り売り、つめこみに、学力の基礎があるわけではない。

ところがその宣伝を真に受けて、かなりデキル生徒までが、まだ自分にはこの問が解けなかった、と考えて、必死で学習にとりくむことになる。学習意欲をくすぐる点では、意味がないわけではないが、やっていることは気ちがいじみた固執にすぎないことが多い。

おまけに、難問が解ければ、学力水準の高い大学に合格可能性が何パーセントなどと、電算で処理した虚妄の数字に喜び、解けなければ不合格になるなど目先きのことにとらわれて、劣等感を助長することに終始する結果になりやすい。

自分の選んだ問題に、自分で応用問題を作りながら、じっくりとりくむ方が、能率的にも精神的にも、はるかにマシであることは論をまたない。ただ、勉強の習慣がついている――時間を使うということのほかに、勉強の方法が身についている――ということが、その前提にあることもまた、論をまたない。

いくら勉強しても学力が伸びて来ないと悩む生徒が多い。勉強の方法が身についていない、と診断するのはたやすいが、どういう方法かというと、個別指導によるほかに診断の方法すらない。参考書について言えば、その原因は、参考書の使い方、その欠陥を知らないためであることが多い。

参考書使用上の欠陥

参考書にも良いのと良くないのがある、なんてことを言いたいのではない。もちろん、それはある。自分の水準、使える時間を考えて、適当なものを選ぶ点については、言うまでもない。

参考書には、懇切丁寧にこまかく、くわしい解説がされている。それを通読すると、よくわかるという印象が生じる。実はそこに、落とし穴がある。参考書に赤の横線などを引いて、重要事項を理解したつもりになっていても、うわっつらを滑っているばかりで、学力としては定着していないのである。

参考書はある意味では有用であるが、本当に生かし切ることは実はむつかしい。参考書に頼り切って、安心してはいけない。自分で苦労して、独自のノートを作り、実習してみてはじめて学力は定着する。面倒をはぶく合理主義こそ、危険の源なのであって、学習するとは、面倒をはぶかないことだと自戒すべきである。

この点では、学校の授業も、塾・予備校の講義についても同様である。先生の説明を聞き、黒板に書かれた解答を移して、それがわかったつもりになることが多いが、それは理解の糸口を示してもらった段階にすぎない。自分で工夫して独自にノートを作り、身につくまで自分で考え、拡げ、深めて行かなければならない。

「教えてもらうのではなく、自ら学ぶ」とされる意味は、この点にある。教えてもらって安心するというのは、全く気休めにもならない。

4　家庭教師も気休めに終わる

塾は学習習慣をつけるか？

自分で勉強する習慣がついていないからこそ、塾・予備校に行かせる、という考え方がある。学校から帰ってくると、遊びほうけているから、せめて塾通いでもさせれば、その間は勉強することになるというのである。放任するよりマシだという発想だが、自分で勉強する習慣がついていない場合は、学力を向上させるだけの効果があるかどうか、疑問である。塾・予備校へ行く場合にも、学校の授業の予習・復習とは別にさらに予習・復習をしなければ、効果は期待できない。塾では、問題集の答合わせをしているか学校の授業以上の詰めこみをしているとすれば、なおさらである。むしろ、塾に頼るという意味での依頼心を助長してしまう。塾通いをしているのだから学力がついていると、短絡して安心する意味で、よけい良くない結果になることが多い。

まだしも生徒に「わからせる」努力や授業の工夫をしている点では、学校の教師の方がすぐれていると考えるのが常識である。知識の切り売りを詰めこんで、わかったつもりになるのが無効だとすれば、学校で「わからない」生徒が、塾で「わかる」ようになるとは、常識的には考えられない。

この点、家庭教師の場合も、さして変わらない。個人指導だから、いくぶんか徹底することはある。しかしさっぱり勉強する習慣がないから、家庭教師が教えてくれる間だけは、せめて学校の学習よりキメのこまかい勉強をしてくれるだろうというのは、はかない親の願望にすぎない。

家庭教師は依頼心をつける

わからない問題、できない箇所があると、自分で解決しようとしないで、家庭教師の来る日まで放置し、教えてもらうと何とかわかったと誤認し、べったり甘えて頼ってしまう。親は勉強しているはずだと安心しているが、気休めに終わっていることが、実際には多い。話し相手になって、いくぶんでも学習意欲を呼びさましてくれたら、マシな方である。専門の学校教師より、教え方、わからせ方のうまいアルバイトの家庭教師を、そもそも期待する方がまちがっているのではないか。

通信添削は、勉強の習慣がついている生徒でも、なかなか永続しないと言うのが、通り相場である。ダイレクト・メールに応じて来るのが、三パーセント、永続する場合が一パーセントに満たないという資料がある。

主体的・自発的・積極的に勉強する習慣をつけることが、何をするにせよ先決問題である。家庭教師にせよ、塾・予備校にせよ、頼ってしまえば、かえって依頼心を助長するばかりで、勉強する主体性を身につける上ではマイナスになることを知るべきである。

5　模擬試験の功罪

娘ふたりの場合、前にも述べたように、小・中学校の間から一切、塾・予備校に行かせなかった。もちろん、家庭教師もつけず、通信添削もしなかった。必要がないと判断し、それ以上に弊害になることを避けたためである。自学自習の習慣が完全についていたし、その集中力・持続力は、狭い意味での「勉強」以外の分野で、幼いころから養ったことも前に述べた。

模擬試験は最終学年だけ

ただ、中学校三年になって、年四回実施される高校入試のための模擬試験は、きちんと受験した。高校では二年の二月、ほとんど三年に近いころの東大ジュニア・オープンが、模擬試験らしいものを受けた最初である。ほぼ受験する最終学年に限ってのことだと言ってよろしく、早くから模擬試験を受けても無効であることは、断定的に言っておいてよい。つまらない競争心をあおるばかりである。

学校などで一年・二年から行う実力テストは、また別の考え方に立つ。現在までについた学力を、試験範囲などという狭い分野をはずして、大局的に見るためのものであり、直接、入試につながるものでは、本来ない。学校の判断に任せておくのがよろしい。

塾・予備校で実施する模擬試験にも、試験問題自体に多くの問題点がある。断片的知識ばかり出題して、思考力や表現力を問う問題には、あまりお目にかからない。採点上の客観性を弁明に使うが、将来の伸びを見越した、いわゆる「生き足のある」キャパシティーに富んだ学力など、計れるわけがない。

おまけに、何人中の何番という成績順位、悪名高い「偏差値」を必ず出してくる。偏差値というのはひと口に言えば、平均点が何点でもそれを五十点に換算した数値と考えれば良い。平均点が変動しても同じ基準で比較できることろが便利であるが、どの問題がなぜできないかというキメの細かい指導ができない。

模擬試験に振り回されるな

模擬試験そのものが、そして成績順位や偏差値が、一応の目安にすぎないことは、進路指導のベテランにはよくわかっているのだが、多くの生徒・保護者には点数や順位ばかりしか見えないことがある。模擬試験は、偶然にではあるが、自分の学力上の欠陥を教えてくれる良い機会でもある。その功罪をよく踏まえた上で受けるのがよかろう。

6　塾・予備校の有効な使い方

自己評価の基準をもらう

まず第一に、教えてくれる所だという観念を捨てること。教えますなどと宣伝する所ほど、つまらない。何よりも学校の授業、自宅での自学自習がたいせつであって、自宅学習の資料や自宅評価の基準だけをもらうこと。要するに、頼ってはだめなので、模擬試験にせよ、単なる目安にすぎないと達観することである。

娘はふたりとも、高校二年と三年徒の夏だけ、東京のある予備校の夏期講習を三週間ずつ受けに行った。「思考方法」だけを学んで来いと言った。主な目的は、東京の雰囲気、生活環境に慣れて、不安を除き、度量をつける点にあった。地下鉄を自由に乗りまわし、銀座で買い物をしたり神田で本屋をまわったりしたことが楽しかった、と言っている。

レビュー 二 『法隆寺を支えた木』を読んで

ＮＨＫブックス／小原二郎・西岡常一著

一冊の本が、読んでいくうちにこうも読む者の視点を変えてしまうものか。

それはおそらく私が、日本建築の優秀さは素材としての木の特質を生かしている点にあるといった程度の観念的な知識しか持っていなかったためばかりではあるまい。「木は生きている――木のいのちの尊厳」という言葉に触れた時、私は私も含め人間、そして木を含めすべての生き物の生涯を遠望したように思った。

それはまた、二人の、全く専門領域の異なる筆者の文章が、一冊の本に共存している点にも起因するに違いない。昭和最後の宮大工といわれる西岡常一さんが、修業時代から法隆寺修復にたずさわった時までの経験を通してとつとつと語る木への愛着。そして建築工学専攻の小原二郎さんの科学的、客観的な実験結果の報告と解説。この二つの異質な文章が、木造建築という共通の話題を通してかみ合い、補い合って、《木の文化史》といったひとつの世界をつくっている。

ちなみに、「木は二度生きる」という二人の視点が全く違う。西岡さんは、「第二の生き場所の建築に用いる際、その木の育った自然環境・条件に逆らわず、適材を適所に使用せよ。木の奉仕者は木の天寿を妨げてはならない」と言う。一方小原さんは、「燃える、腐る、狂う」という欠点を持つ木を、原始的な素材と呼ぶことは誤りだとし、「木は伐り倒されてから二百年までは強度が三十パーセント近くも上昇する」と指摘する。「近代建築の工学的な発想や技術への過信――人間疎外――が反省され、生物的発想が尊ばれなければならない」とも言う。小原さんの示すヒノキの強度についての経年変化のグラフが、全く科学的な資料でありながら、私には人間の生涯の様相の変化と重なって見えるような気がした。

共通して考察されている点も多い。とりわけ最初に通読した時に興味深かったのは、木と人間とを共に「教育論」でおさえていたことである。西岡さんは二十年間の修業時代を振り返り「体でおぼえる」ことの重要さを説いている。「年相応に老いの風格のある木は、芯までしっかりしている。それに対し、古木でありながら若々しく青々と葉に勢のある木は、養分が見てくれの外観にあふれていて、きまって芯が空洞である」という言葉に感動した。また小原さんも、木の生育歴を教育にあてはめて、「過保護を加えると木も弱くなるのは生物的原理であって、人間の評価法に通じるものがある」と言っている。

しかし、そのように一般化された教育論よりも、むしろ専門家が専門領域でその人しか語れないことを語っている部分に強くひかれた。法隆寺千三百年の歴史を支えた木はヒノキである。エンタシスの柱について触れた文献は他に多いが、そのエンタシスの柱をけずったのは台ガンナではなく、ヤリガンナである。ヒノキ独特のまろやかさと和らぎと暖かさをひき出すためには、今では全く用いられなくなったヤリガンナを用いなければならなかった。西岡さんはまた、「宮大工の仕事は作業が六で研ぎが四だ」という。「砥石と刃物が木の寿命を決める」とも言う。この指摘は、「額に汗することを体で学ぶには農業がよい」といった一般的な教育論を越えている。専門家の執念の基礎の上にしか、文化というものが存立しえないことを、証明する言葉である。

小原さんは、曲げ、圧縮、熱処理に対する反応について、工学的実験結果を解説している。木材についての一般的な見解は、現代では「手づくりの良さ」などという工芸的な観点から語られることが多いが、学問の基礎には、容易に一般化を許さない地道な実験や試行錯誤が欠かせない。私は、古い材木の語る文化史を通して、文化のありようについて考えさせられた。そして、素人が「手づくりの良さ」などと受け売りで発言する浅薄さを思い知らされた。

ヒノキの良材は現在、国内ばかりか、世界にも少なくなっている。しかし、大和地方のヒノキは、古歌であすか川などと歌っていた時代にすでに無くなっていたのだ。天然資源の尊重という観念から言えば、現代になって省エネルギーとか唱える浅薄さは、少なくとも文化の名に値しないのではないか。

「高周波乾燥や製材の機械、電気工具にはついていけない」と西岡さんは言う。鉄やセメントの強さを盲目的に信じて木のいのちを忘れた技術を批判するのはたやすいが、批判するだけでは文化の創造はできない。法隆寺千三百年の歴史を支えた木の文化を考える時、科学に裏うちされた美学の将来——その千年先を見すえる専門家の実践的執念——に、私自身の将来をも重ねなければならないと思った。

（高校一年。第二十五回読書感想文コンクール全国審査・毎日新聞社賞受賞作品。毎日新聞社刊『考える読書』所収。）

終章　進学指導論

——ベテランの実践から

1　志望校・志望学科の決定を早く

志望進路の決定が出発点

父が高校の進路指導のベテランであることはよく知られている。志望校や学部学科などは、いつごろ決めるべきかと問われて、高校生なら「早いほど良い」と答える。それが指導の出発点である。資料に照らして、具体的な学習目標を示すことができるからである。

学習目標を持つことは、ただに学習意欲の向上を招くにとどまらない。安易な惰性的生活意識を脱し、主体性・積極性・自発性を持って生活全般を活気のある者にして行くことができる。いろいろな事情で、後に志望を変更しなければならなくなることがある。それはその時、考えなおせば良い。ともかく一応のメドは早く、はっきり立てるのが良い。

そのためには、家庭でしばしば志望進路について具体的な話し合いをして、親子の意思を疎通させておくこと、いろいろな進路関係の資料を調べて、充分に活用すること、などを欠かすことはできない。進路志望調査がある段階になって、「未定」「わからない」「考えていない」という解答をするようでは困る。親子ともどもに、生活意識そのものがいいかげんだとしか言いようがない。

資料には志望先の大学・学部、就職なら会社その他の状況、学力水準などの資料と、個人の適性・学力成績などの資料とがある。前者については、親や生徒が調べようと思えば、資料はたとえば学校の進路指導室などに、たくさんある。進路指導担当の先生に相談するのが良い。

個人の学力成績などについては、生徒自身がよく知っている。時に、親には言いそびれて、知らせていないようなことも起きる。「全資料をきちんと見せよ。親が判断をまちがう。」と父はよく言った。親に隠したところで、最後にはどうにもならない日が来る。意思の疎通を欠いて、親が全く無理解な場合が多い。これは長らく進路指導を担当して来た者の、いつわりない実感である。

現場の実態をよく知る

親の子供に対する期待過剰が、子供を委縮させ、学習意欲を殺いでしまうケースは、教育ママという言葉がはやったりして、よく知られている。非行の原因にもつながることが多い。子供の主体性を無視しているほかに、子供の学力実態に対する無知あるいは無視が、問題になる。

進路指導担当やクラス担任が困るのは、むしろ放任の場合である。「どこに通りますか。通る所があればどこへでも行かせます。」「子供に任せています。」という親がいる。いかにも子供の主体性を認めているようだが、全くの放任であって、保護者としての責任を果たしていない。

「学校のこと、教育のことはわかりません。」という親が、「当今のことだから、せめてどこかの大学に行かせて。」と考えるのはわかるが、せめて自分の子供が行こうという大学についてくらいは、関心を持って調べても、バチは当たるまい。

教育の荒廃が叫ばれているが、新聞・テレビの報道をうのみにしてその尻馬に乗り、きいた口をたたいている人も多い。学校現場の実態は、驚くほど世に知られていない。学校現場にいるひととりとして、批判は充分に受けたいと思うが、学校現場の実態を知ってから――要するに、担任との連絡を密にして、子供の実態をよく知り、保護者・生徒・担任の三者でよく話し合ってから後に――はじめて批判が意味を持つのではないか。

女性の学問・仕事への偏見

女性の大学進学率もかなり高くなって来ているが、「まあ女の子だから」という偏見は、いまだに根強い。「どうせよその子になる」という考え方を裏返せば、息子の嫁に対する期待過剰が暴露されている。女の幸せは学問や仕事にはない、という偏見を持つ人に、反論してもしかたがないから、進学担当者は合否可能性だけ示せばよいと思っているが、逆に、女の学歴は釣り書きに書くためのものにすぎない、という考え方にもあきれさせられる。また、女性の解放・自律をまくしたてる女傑にも、へきえきさせられることが多い。

個人的見解で、古いと言われるかも知れないが、女性はまず家庭を守り、家事・余暇のゆとりを充分とった上で、深い専門分野を持つのが理想と考える。趣味程度では不足である。職業について家計をうるおすことよりも、精神的充実と専門的実績とがあることを重視したい。結婚してしまえば、大学で習ったことなど全部忘れてしまうというのでは、あまりにはかない。就職したとしても、スペシャリスト（専門家）としての自覚がない、という女性批判も多い。

家事に専従する女性が、仕事に打ちこむ夫から相手にしてもらえなくて、趣味や娯楽に満足できなくなった時、アルコール中毒や浮気が始まる。また、職業としての仕事が多忙で、子供をいわゆる「カギっ子」にしてしまう母親というのも、うまく工夫しているケースは多かろうが、理想にはほど遠いのではあるまいか。

曽野綾子さんが『誰のために愛するか』の続編に、ある青年が結婚の第一条件に「一生ともに勉強して行ける人」を挙げている話を書いていた。同書のなかで、曽野さんは次のように言う。「女は無知な方が素直でかわいい。」と称して、「夫が無知な妻をうまく使っている」のが、恐しい。妻に学問をさせない夫は、「スペシャリストとしての自信がないのだ。」と。

むろん、学歴だけの問題ではない。学歴がなくても、すばらしいスペシャリストは世に多い。大学受験志望者に限って言えば、受験勉強の苦しさ、成績が思うように上がって来ない悩みにさらされた時、「大学に行って何になる?」などといった疑問が胸をかすめるようでは、すでに負け犬の思想の持ち主である。すぐれたスペシャリストにはなれない。

要は当人の主体性である。

学校の成績もよく、生徒会長もつとめた男生徒が、高校からすぐ料理学校に進んで、「ほうちょう一本で全国をのし歩く」と胸を張ったケースもある。自分の専門分野をきわめ、個性・能力を発揮して、社会の進展に貢献するために、大学へ進むと言うのなら、女性が東大に入るのも、「亡国」にはならないのではないか。

2　志望決定の前提と条件

志望決定前に反省すること

高校三年間の生活は、りっぱな社会人として生涯を送るための基礎的態度や考え方を自ら育てる時期である。言われてみれば当然の話であって、あっけないくらいのものだが、日常生活のなかで、次のような前提条件が身についているかを、まず反省してみたい。前に高校教育論の項で、生活指導を重視しておいたことと対応している。この七つの前提条件を身につけていないと、志望校決定も空文句になってしまう。

(1)　自分で自分をコントロールできる人間に育っているか。（他人に迷惑をかけない、ルールを守る、理性的判断力）

(2)　自分の能力を自ら引き出し、より高く伸ばして行こうとする積極的な態度が育っているか。（自己の資質・適性の自覚、向上心）

(3)　困難にも屈せず、絶望をも克服して行く勇気と根性とが育っているか。（忍耐力・持続力）

(4)　自ら進んで集団のなかで協力し、自分の個性や能力を発揮して、集団全体を高めて行こうとする意欲や態度が育っているか。（協調性）

(5)　集団の公共性に奉仕する態度が身についているか。（公共性）

(6)　集団のなかで自己の位置や役割を自覚し、責任を以て自己の役割を完遂する態度が育ってい

るか。(責任感)

(7) 自分の健康・安全に留意し、自ら健康管理ができるように、また体力増進をはかる意欲が、育っているか。(健康・安全)

このような態度・考え方は、理想としては学校で学ぶはずだが、きちんと身につけることがむつかしい。もし大学受験勉強に狂奔するのあまり、こうした観点を見落とすと、いびつな人間を作ってしまう。家庭のしつけ、友人との交際などで、具体的・日常的に実践できるようになっていなければ、進学・就職する資格にさえ欠ける。反省してみよう。

職業観の確立が先決の問題

次には職業観の確立を挙げなければならない。ともかくも大学に進学して、その後で何を職業とするかは考えよう、といったいいかげんなことでは、後で自分が困ることになる。楽なことをして生活できればよい、というのでは、精神的にも満たされないものが残るはずである。「こんなことをしたい」という望みが、自己中心的な勝手であるほど、甘えを許さない社会環境との摩擦がひどくなるにちがいない。

理想的な職業観とは、ひと口に言えば、「自分の個性・適性・能力を生かした専門分野で働いて、社会の発展に寄与・貢献できる」という観点に立つことである。

「働くことの意義」は、ただに自分の経済的生活を豊かにするだけにとどまらない。いくら収入が多くても、社会に害毒を流しているような存在というのでは、決して精神的にも豊かで幸福な生活を送るとは言えない。自分の願望が社会でかなえられることのカナメは、社会的貢献度に支えられている、と言っても過言ではあるまい。

こうした職業観を確立した上で、将来の生活設計を見通し、志望学部・学科とそれを設置している志望校を決定して行くことが望まれる。

職業選択・進路設計の条件

職業選択・進路設計の条件に、次の六項目は欠かすことができない。考えてみれば当然のことのようであるが、具体的に志望進路を決定しようと思うと、ひとつひとつが重要であることの意味がわかって来る。

(1) 自分の適性を見きわめよう。

適正とは、ひと口で言えば、「何に向いているか」ということである。「個人の能力・性格がある仕事を処理するのに必要な条件を満たしている度合い」のことである。次に述べる(4)の「知識・技能」という比較的客観的に測定しやすいものも含まれているが、(2)の「興味・関心」などは変動することもあり、その仕事に対する理解とか、人生観とか、主観的なものも、「適正」のなかには含まれている。自分の今までのいろいろな体験を顧みて、多角的な視野に立って考える必要がある。

(2) 自分の興味を基点にしよう。

「好きこそものの上手なれ。」である。ただ、いくら好きであっても、適正に欠けるということもある。また興味・関心は、習慣と同じように、固執性があるにもかかわらず、変動することもある。単純に好きだからと決めてしまわないようにしたい。

(3)　自分の性格に合うかどうかを考えよう。

自分の性格を的確に、客観的につかむのは、意外にむつかしい。問題は内省の深さにある。いろいろな体験に即して、性格は現われて来るから、なるべく客観的に、ごく一般的な言葉でつかむほかない。

(4)　自分の能力を自覚しよう。

能力を「学力」だけに限定しない方が良い。「知識・技能」は将来の職種を見越さなければならない場合もあるが、持続力・忍耐力・調整能力・指導力など、精神的な能力についても考慮しなければならない。

「学力」ひとつをとっても、客観的につかむことは至難である。思考力・判断力・推理能力などの分野に、深い関連を持つからである。「学力」を数値に換算する時に、たとえば「偏差値」のような数値だけで、短絡はできない。総合的・継続的な見地から、的確な判断を下す必要がある。

(5)　身体的な条件を検討しよう。

いくら適性があっても、健康に恵まれていないと、うまくいかない。とくに強い体力を要求される職種もある。色神異常、難聴などに適さない仕事、分野もある。職種・専門分野についての知識・理解を持つことは、一般的にも重要である。

(6)　家庭の事情も考慮しよう。

家計の問題、通勤・通学の便利などは、無視できない。学費・寮の有無・奨学金なども調べ、実態に即した選択をすべきである。

以上のような観点で、志望学部・学科とその学科などを設置している志望校をいくつか、序列をつけて早く決めることが、出発点である。

3 学習習慣と計画性

学習習慣をつける方法

国公立大学共通一次入試は、制度・方法がどう変わっても、基礎的な出題である限り、高校の一・二年の間に身につけた学力がものをいう点については、言うまでもない。塾・予備校の脅迫的宣伝を真に受けて、せっぱ詰まった心境になる必要はないが、それだけにゆったりと鋭く、将来を見すえて準備する心がまえがたいせつである。

学習の習慣をつけることのたいせつさについては、くりかえし述べたが、習慣のついていない生徒に習慣をつけよと説教しても、なかなか身につかない。習慣をつけるためには、

	日	土	金	木	水	火	月
17:30→19:30	英語	英語	英語	英語	英語	英語	英語
19:30→21:00	〔夕食・風呂〕						
21:00→24:00	数学	古典	数学	古典	数学	古典	数学
24:00	〔就　寝〕						

学習計画を立てる必要がある。くずれることが予知できるような、無理な計画を立てても無駄である。今は高校一・二年の間、国公立大学志望者を対象に、「帯の時間案」を提示する。

「帯」の時間案を計画する

「帯」というのは、決まった時間に毎日、決まった科目を計画することを言う。毎日、午後五時半から午後七時半まで英語に充てる。ナイター中継を見たくなる人に、特に勧める。

また午後九時になると、何があっても必ず。ピタリと机につく。眠たくなっても、午後十二時まではがまんする。習慣がついてしまうとある日は午後十一時に眠り、勢いに乗ると午前一時まで続けるなど、多少は計画をくずしてもよいが、習慣がつくまでは、決して自分を甘やかしてはならない。

私立大学理科系に志望する人は、古典のところを物理とする。私立文科系に行くつもりの人は数学のところをすべて英語に集中する。テキストも自分で選んで決めておく。もし何かの都合で計画がくずれて、その日その時間にできなかったとすれば、その週のうちに、たとえば日曜日の午前中に、失った時間のぶんだけ取り返す。決して時間を失ったまま放置しないのが、習慣をつける急所である。

4　模試実態と不得意科目の克服

模試の受け方利用のしかた

試験はだれでも嫌なものである。しかし逃げ出して何とかなるものではないから、積極的に立ち向かう意欲がたいせつである。見方を変えれば、模試は、本番入試前に、充分対策を立て直す時間の余裕を持って、自分の弱点・できない分野を指摘してくれる絶好の機会であるから、ありがたい。謙虚に感謝して受験することである。

模試が終わったら、解答が手元にあるなしにかかわらず、できればその日のうちに、少なくとも一週間以内に、復習して、自己採点をきびしく行い、その日解けなかった問題を、その日のうちに解けるようにする。解答合わせをして、合えば喜び、ちがえば悲しむなどというのでは、何ともはかない。解答がなくても、類題を調べればわかる。わからなければその日のうちに、先生に質問に行く。

その日のうちに解けるようになれば、成績が悪かったといって悲観することはない。試験中にはできなかったにせよ、その日のうちにできる実力はついていることになるからである。できなかった問題の「類題」をいくつか解いてみるのが理想である。

何回、零点に近い点数をとっても、投げ出すことはない。次の試験までに充分な対策を立てて実力をつけ、挽回すればよい。まただめだったといってなげくこともない。「継続は力なり」を信じて努力を続けるのが、不屈の精神である。早くからあきらめ切れる程度に、志望は切実なものではなかったのだろうか。

高校三年になって、模試科目に理科・社会科が入って来ると、準備不足を理由に受験しない生徒がいるが、これも負け犬の思想である。準備不足を言うなら、いつまでたっても「万全」にはならないという意味で「不足」なのであり、何年浪人しても「不足」である状況は変わらない。出題傾向を知るためだけにも有効であるから、零点をとることがはじめからわかっていても受験すべきである。

三年の十二月以前の模試で合否判定をする場合、理科・社会科の成績を対等に加えて判定する予備校がある。浪人の場合はそれでよいが、現役の場合は全くあてにならない。いわゆる「追いこみ」は、現役の場合、十二月以後に充分できる。

得意科目をまず充分伸ばす

進学相談に来た生徒に向かって、不得意科目、分野を指摘して、早く克服するように説教するのは、百害あって一利なしである。生徒自身は百も承知である傷口を、なぜことさらに痛めなければならないのか。得意科目・分野をまず徹底的に強くする方が先決問題で、生徒の意欲を倍増する。

不得意科目は早く克服するに越したことはないが、それができないからこそ不得意なのであって、不得意科目はだれにでもある。私立大学志望の場合とくに、受験科目数が少ないから、そのなかに不得意科目があるとたいへんである。

また、国語・英語・数学など時間のかかる科目に不得意な分野があると、容易ではない。なるべく早い機会に、抜本的な対策を立てる必要がある。不得意なものをさせられるという意識を、まず捨てることである。そのためには、ある時期に、春休み・夏休みなど充分時間の取れる時、集中的・重点的に継続して学習を重ねるほかにない。

不得意科目克服の一案

不得意科目といっても、その科目の全領域というのではないことが多い。その科目のなかでも、とくにどの領域・分野が弱点なのかを、体系に照らしてしぼる。その弱点領域をまず克服する。はっきり目標を立てる。そしてたとえば土曜日の午後からその領域だけに集中して学習を始め、食事・風呂・軽い運動の時間を除き、明くる日曜日の晩まで学習する。

もちろん、土曜日の晩は徹夜である。あるいは午前四時まで勉強して、短い睡眠をとり、日曜日の午前九時に起きて再開する。この時、眠いと思ったらだめである。自分を甘やかしてはならない。そのくらい集中すると、道が開けて来る。

一度で目標に達しなかったら、二週間おいて、また挑戦する。これを何度かくりかえして、不得意科目を克服した例はたくさんある。

いろいろ述べてきたが、ほかには多く、すでに「万全への挑戦」の項で述べたことと重なるので、省略に従う。国公立大学の二次入試などで、小論文が課されるところでは、共通一次入試終了後、一ケ月間に、出題内容を予想し、何篇か作文を書いて、学校の先生に添削してもらうとよい。よく知った大学の作文の出題内容を、ピタリと予測し的中させるベテラン指導者が、かなりいるものである。

5　進学指導担当教師の哀歓

通れば官軍、落ちれば賊軍

少なくとも出願時での第一志望校に、だれもが合格してほしいのが、進学指導担当教師の切なる願いである。実態はそうもいかない。合格を判定してピタリと充てるベテラン指導者は、塾・予備校よりもむしろ高校現場に多い。悪名高い偏差値など数値にすぎないものをまるごと信用せず、生徒ひとりひとりの実態を的確につかんでいるからである。

「通れば官軍、落ちれば賊軍」になるのが、当の生徒・保護者にしてみれば気持ちはわかるにせよ、何よりもつらい。

塾・予備校の偏りを叱る

「だめでした。ご期待に沿えなくてすみません。」といって、悪びれずに進路指導室を生徒が訪問してくれる時、こちらも頭を坊主にしたいくらいの気持ちになる。「おめでとう。信頼していた通りだ。」と生徒の肩をたたく瞬間を夢みて、どんなつらい仕事でも続けることができる。

塾・予備校や模試業者から送られて来るたくさんの資料を、自分の勤務校の生徒ひとりひとりの実態に即して、必要なものだけ濾過して、わかりやすく整理するのは、並みたいていの仕事ではない。塾・予備校の資料の偏りを叱咤して、独自の企画を立てることができなければ、とうてい務まらない職種である。

コーラス　五　今ひとつの主題——あとがき

1　結果論ではない

結果は出た。しかし結果論ではない。ここにしるしたことは、ドキュメント1「静かな喜びの日」とコーラス五のこのページとを除いて、あとはすべて次女の受験前に原稿が完成していた。手まわしが良すぎることに驚く必要はない。手まわしが良すぎるとすれば、それが計画の完全さを立証するだろう。

ここに書いたことは、平凡な人間が平凡なことを着実に計画し、平凡であるゆえに着実に実行して来たままの記録である。結果を誇ろうなどとは全く考えていない。実行して来たことのひとつひとつはすべて、きわめて常識的なことである。常識をしかし、確実にふまえるのは、実はなかなかむつかしい。非常識を徹底してはぶく努力の上に、常識を越えた配慮が必要になる。

平凡なことを平凡なままに、徹底して実行することが、非凡である、というのが、父の持論であった。

2　今ひとつの主題

ひとつの主題は達成した。ふたりの娘をさらに、世に貢献できる人材に育てて行くことが、父と母とに課せられた「今ひとつの主題」である。娘たちふたりがそれぞれに自分を、世に貢献できる人格に自ら仕立てて行くのが、娘たちふたりに課せられた「今ひとつの課題」である。

そしてまた、この書の読者の方々が、この体験記をひとつの例として批判してくださり、さらに洗練された形で、それぞれのご子息の人生を拓いて行っていただけるならば、それも「今ひとつの課題」であると思う。

昭和六十一年三月二十日　著者識す

著者　山碕雄一（やまさき　ゆういち）

昭和10（1935）年　山口県岩国市生まれ。
昭和33（1958）年　広島大学文学部卒業。
広島県立広高校・皆実高校・安古市高校・安芸高校教諭、広島城北高校教諭を歴任。
各校で進路指導に当たるとともに文芸部・新聞部・陸上部などの顧問をつとめた。
一方卒業生を中心に文芸同人誌を発行、指導を行った。
平成15（2003）年　病没。

著書　『相対の文学』（昭和52年、溪水社）
『歴史の主体としての創造』（平成13年、デジタル・パブリッシング　サービス）
『われらの青春のうた―ロシア民謡翻訳歌詞考―』（平成16年、溪水社）

娘二人を東大に合格させた
家庭教育実践報告

平成28年12月１日　発　行

著　者　山　碕　雄　一
発行者　木　村　逸　司
発行所　株式会社　溪水社
広島市中区小町1-4（〒730-0041）
電　話（082）246-7909
ＦＡＸ（082）246-7876
E-mail: info@keisui.co.jp

ISBN978-4-86327-366-5 C0036